気ままに ハワイ ロングステイ

満点のハワイ

ジニー 三千代 フォガティ

東京図書出版

カバーデザイン／星野恭司
イラスト／オモチャ

気ままに　ハワイ　ロングステイ

満点のハワイ

ハワイ不動産購入の基礎知識
これだけは知っておきたい
購入から暮らしまで

推薦のことば

元参議院議長
扇　千景氏

人間国宝・歌舞伎俳優
坂田藤十郎氏

知ると知らない　大違いのハワイ生活

誰でも夢をもちます。特に、一生懸命働き、老後少しでも元気で楽しく過ごしたい、とハワイ生活を夢見る人が少なくありません。

でも、それでもやはりハワイはアメリカ！　日本とは違う事が多々あり、こんな筈では無かった、と後悔するのは残念です。

まず、専門家の知恵と経験を積んだ人を探す。やはり餅は餅屋です。

私達夫婦も40年前に、ジニーさんに出会っていなかったら、間違いなくハワイ生活を寸暇をさいてエンジョイする事は出来なかったでしょう。

何でも相談、何でも甘えて、何でも安心して任せる。この調子だと天国のハワイ生活で、一〇〇歳まで長生きできる気がします。

平成二十七年四月吉日

まえがき

この本を書くに当たって、私の想いを述べさせていただきます。

私にとって、ハワイの不動産業歴も、今年で四〇年以上になりました。一九七四年以来、日本人ライセンス保持者の草分けとしてハワイ不動産業に携わってきた経験から、業界の実態を日本の皆様にお届けしたい、という気持ちから本稿を書き始めました。

この本の一話一話は、実際に日本の皆様が必要とするハワイ不動産の法律関係についての基礎知識や、不動産業を通しての私の経験談です。きっと皆様のお役に立てていただけると思います。

最近では、ハワイと日本は互いに身近な存在となり、良きにつけ、悪しきにつけ、さまざまな面で皆様の生活の一部となってきているように思われます。

しかし、こと不動産ということになりますと、まだまだお困りになっている方がたくさんいらっしゃるのが現実のようです。

先年来、『ハワイに恋して』と題する日本のテレビ番組で、「学べるハワ恋不動産」として、ハワイの不動産事情をお話しさせていただきましたが、まだまだ日本の方々がご存知ない分野がたくさんあります。それ

らについて、お一人お一人と直接お話しすることはできませんので、私にできる唯一の方法として、本書を書かせていただきました。

私のアメリカ生活も一九六二年以来、半世紀を過ぎました。

昨年末、四〇年以上、ホノルルで不動産業に携わり、業界の発展に貢献したということで、はからずも「全米不動産協会」と「ホノルル不動産協会」から名誉表彰を戴きました。これを機に、さらに気持ちを新たにこの不動産業を私の天職として、今後ともずっと続けていきたいと決意しております。

この本を手に取って読んでくださる方にとって、少しでもご参考になれば私は本当に幸せに思います。どうか、あなたの「第二の人生」「第三の人生」を『楽園のハワイ』でお楽しみください。

二〇一五年四月

ジニー　三千代　フォガティ

満点のハワイ　もくじ

第一章　知らないと大損

◇下見から購入までの基礎知識

1. 知っておきたい「エスクロー会社」の役割　その1

「エスクロー会社」とは、アメリカ国内での不動産取引の中で、売り手側と買い手側との間で中立の立場にあり、法律に基づき、両者が合意した契約書の内容に沿って、名義変更が登記されるまでの手続きを遂行する会社です。アメリカでは、州政府によって不動産の証書受託業務に携わることを認可された会社なのです。

他の国々では一般的に国によって運営されていますが、不動産の売買だけではなく、一般的な取引やオークション、近年ではｅベイなど、インターネットを介した個人間の取引でエスクローは利用されています。その際、売り手、買い手両者が合意した契約書をもとに、取引を中立公平に終了させるのがエスクローの仕事なのです。

不動産取引でのエスクロー会社の主な仕事は、売り手が果たして本当の売り手であるか、売り手にローン残高があるかどうかや、固定資産税を滞納していないかなどの物件権原調査をしたり、コンドミニアムの場合では、コンドミニアムの管理会社との名義変更手続きなどをして、契約書上の取引諸条件が全て満たされた時点で、登記所へ登記申請を行ったりします。もちろん、支払いもエスクローを通して行います。

日本では昔から言われている「和をもって貴しとなす」という言葉通りに、エスクローシステムの必要がなかったのでしょうが、日本とは違い、他国のほとんどは、国境という境を頼りに生きてきたため、民族や習慣、規則の違いで起こる問題解決法として「第三者」的存在の必要があったのだと思います。

現在はほとんどの国で「エスクロー会社」が作成した書類を、「最終公正証書」として認めており、特に不動産取引では、各国のどの銀行も「エスクロー会社」で扱われた書類を、「最終公正証書」として認めています。

不動産取引以外で、エスクロー会社が扱う取引の一つとして、特に知られた事例があります。

一九八〇年初めにイランで起きた「アメリカ大使館員」の拉致事件です。長い交渉の結果、ドイツと、イギリスのエスクロー会社が交渉取引に使われ、アメリカ大使館員全員がドイツのある地に送り届けられ、それと同時に、イギリスのエスクロー会社を通して身代金がイランに渡って、問題が解決されたのでした。

このように、エスクローシステムは世界中で使用されており、現在、日本でも外国での大きな取引には必ずと言っていいほど、エスクロー会社が使われています。

もちろん、ハワイ州では、全ての不動産ライセンス保持者は、必ずエスクローシステムを使うことが義務付けられています。したがって、ハワイ州では、売り手も買い手も安心して取引ができるのです。

再度申し上げますが、「エスクロー会社」とは、相容れない売り手側、買い手側に対して「中立」の立場で、両者間の「同意書」に基づいて最後まで手続きを遂行する機関なのです。ここで作成された書類は「最終公正証書」となります。

2. 知っておきたい「エスクロー会社」の役割　その2

不動産取引では、売り手はなるべく高く売りたい、買い手はなるべく安く買いたい――売り手と買い手とは、お互い相容れないのが当たり前です。その結果、中立の役割を果たす第三者的機関が必要となってきました。

一九四七年、多民族国家アメリカ合衆国カリフォルニア州で、この「エスクローシステム」が必要にかられて生まれたのです。

現在、アメリカ各州での認可を得ずして「エスクロー」の名称を使用する会社は、法律違反となっておりますし、「エスクロー会社」自身も一年ごとにアメリカ各州の政府による監査が行われ、それに合格しなければ認可は取り消されます。こうした厳しい監査の下でのアメリカ合衆国の「エスクローシステム」は、世界中で認められております。

ところが、近年、日本では「〇〇エスクロー」を名乗る会社が数多く出てきております。日本では、政府による監査制度がなく、「エスクロー」という名称を勝手に使用することができるからです。アメリカと日本とでは仕事の仕組み、システムが異なりますから、「エスクロー会社」の信用度においても、まったく異なった内容になり、日本の皆様は、その辺の違いをしっかりと理解しておく必要があります。

日本で使われている「エスクロー会社」のシステムでは、国際商取引において、第三者的（中立・公正）な立場としての「公平度」を証明するのは、たいへん難しいと思います。

たとえば、「銀行」という名称を使って、勝手に会社を設立していいのでしょうか？「銀行」と聞けば、世界中どこでも、誰でもが信用できる社会的な組織または企業と理解されています。

ところが日本では、相容れない売り手と買い手の両方を同じ会社内で同時に扱い、その上、その会社内で「エスクロー会社」を作り、全ての取引を終わらせる——、この奇妙な方法は信用度に欠け、世界でも大変珍しく、特にアメリカ国内では考えられないと思います。

日本の不動産会社内に「エスクロー部」をつくる事によって、会社の信用度を増すどころか、売り手と買い手の両者から、不信感をもたれるのではないでしょうか。

私どもハワイ不動産エージェントは、ハワイ州政府に認可された「エスクロー会社」を通して取引を行い、物件の登記をしていることは言うまでもありません。

本書にも、「エスクロー会社」という言葉が各所にでてきます。本項を念頭に読み進めていただければと存じます。

3. 無効になる権利書

ハワイでは、不動産物件の「権利書」は、「売り」「買い」が行われる度に新しく作成され、登記されます。

まず、X氏からY氏に売ることを示した同意書をもとにして、エスクロー会社は名義変更の手続きを始めます。名義変更手続きには通常四～六週間はかかります。

この名義変更手続きの一つとして大切なのが「タイトル・サーチ（権原調査）」であり、売り手の物件に抵当権や先取権が付いていないかどうか、固定資産税や管理費などが未払いになっていないかなどを調べます。この調査がクリアになった後、売り手であるX氏の権利放棄内容と、買い手であるY氏の金額支払い内容を示した捺印権利証書に両者がサインをし、買い手からエスクロー会社への「入金」をもとに、その権利書をハワイ州の登記所で「登記」し、名義変更手続きが完了します。

このようにして、最後に「登記」されたその書類が、Y氏の新しい権利書になるのです。言い換えれば、ここでの「売り手」であるX氏は、以前は「買い手」だったわけですが、その時はその時の売り手と買い手の間に権利書が作られていたのです。

このように、ハワイでの不動産権利書は、売買されるその時、その都度、作成されるのです。

実際にあった事件ですが、すでに売却して手放していた不動産を「買った」時の昔の「権利書」を使って、日本で大勢の人からお金を騙し取っていた悪人がいました。

「ハワイに別荘を持っている……」などと言われ、「英語」で細々と書かれた「権利書」を見せられると、細かな詮索もせず、ついつい信用してしまうのでしょう。

ハワイでは、どの物件にもそれぞれの過去の所有者名が登記所のコンピューターに記録されています。ですから、いつでも一番最後に書かれている名前が、正しい現在の所有者だという事を調べられるのです。

どうか、「無効」の「権利書」に十分お気を付けください。

4．日本とハワイの不動産ライセンスについて

日本とハワイの不動産エージェントの大きな違いについてお話ししましょう。

ハワイで「不動産ライセンス」を取得したからといって、「毎年」不動産の仕事はできません。ライセンスには「アクティブ・ライセンス（営業許可）」と「イン・アクティブ・ライセンス（休業中）」の二通りがあります。

仮に、もし私がここ数年間、不動産業を休業しようという時、ハワイ州に「イン・ア

クティブ・ライセンス」として登録を切り替えなくてはなりません。また再度営業する場合は、「アクティブ・ライセンス」に登録しなおさなくてはなりません。その上、「営業許可ライセンス」は、不動産業者の「質」を保つために、二年毎に更新しなくてはなりません。

そのためには、「継続用クラス」の講義を二〇時間受け、受講後に「証明書」をもらって、偶数年の十二月三〇日までにハワイ州のライセンス局へ届出をし、そこで初めてハワイ州から「営業許可ライセンス」を取得したことになるのです。

営業許可ライセンス保持者が正式に活動するためには、不動産会社に「籍」を置くことが必要であり、そうして初めて不動産の仕事に法律上携わることが出来るのです。言い換えれば、昨年不動産の仕事をしていたエージェントが、必ずしも今年、法律上不動産の仕事をしても良いとは限りません。去年の名刺をハワイもしくは日本で使用している可能性もなきにしもあらず、そのエージェントが、今年の「営業許可」を持っているのかどうかを見定めることは大変難しいのです。

そこで、不動産エージェントに、営業可能期間が示された「営業許可カード」の提示を求めればいいのです。この「営業許可カード」の提示を要求するということは、日本では到底考えられないと思いますが、しかし、ここハワイでは、お客様がこの「カード」の提示を不動産エージェントに要求することは全く失礼に当たりません。

特にハワイでは、不動産エージェントが所属先会社を次々と移動することは一般的であり、その度に名刺が変わるので、日本の方々に不安を与える事があるかもしれません。もし、エージェントに不安を感じるようなことがあれば、名刺だけでなく、「今年の営業許可カード」を見せてもらう事も安全・安心の手段と言えましょう。

不動産エージェントを休業する場合は、持っている「不動産ライセンス」を一時的にハワイ州に預けることによって、「休業許可証」を発行してもらうのですが、休業期間中も、ハワイ州に一定の維持費を払い、いつでも営業出来るようにしておきます。もし「営業」を再開したい場合は、休業していた期間に合わせて、新規の法律などの新しい不動産知識を受講するために学校へ行き、その「修了証書」と手続き書類の提出、諸々の経費を支払って、初めて「営業許可証」を取得します。「営業許可証」なしでハワイで不動産の仕事に携わることは出来ません。

ハワイでは、人様の「大切な不動産などの資産」を扱う立場として、一〇年、二〇年前の古い不動産の法律の知識で営業するということは、顧客に対して大変不義理となり、不動産業界のレベルをも落とすことになるので、このような厳しい法律になっているのです。

また、不動産エージェントに「籍」を置かせる「会社」を経営する「社主＝オーナー」および「総合責任者＝プリンシパル・ブローカー」には、さらに厳しい規則や法律が課せられており、更新を怠れば会社を閉めなければなりません。もちろん、その会社の社員、エージェント全員は仕事をすることができません。

ハワイも日本も同様ですが、必ずしも「社主＝オーナー」が「総合責任者＝プリンシパル・ブローカー」として営業しているとは限りません。もちろん「オーナー」と「プリンシパル・ブローカー」が同一人物であることもよくあります。

5.「専任」と「リスティング」

不動産エージェントが不動産売買をする場合、「専任」「リスティング」という言葉がつかわれますが、ハワイでは日本でいう「専任」とは、全く意味が違います。

例えば、日本で「売却依頼」を「専任」として、ある不動産会社に依頼したとすれば、その会社のみが「売却」を独占し、場合によっては、売却委任状も含まれております。

ハワイでは、売り手が信用出来る不動産会社に物件売却を依頼し、依頼された会社がその物件を「不動産業界に公開する業務を担当する事」を、「専任＝リスティング」と言い、専任エージェントを決めます。

専任エージェントは、売り手に刻々と変わる状況報告を行うことが義務付けられており、売り手には常に売却の諸条件について選択権があります。また、「エージェント」

の専任業務とは、顧客の代理人として「窓口のみ」の業務、言い換えれば、なるべく「売り手」に良い条件で売ることのお手伝いをするのです。専任依頼期間中、いつでも顧客の自由意思として、値段の変更等、専任エージェントに伝える事ができ、それによって変更点が公開されるのです。

この代行窓口としての契約期間は、通常六カ月から一年で、その後は三〇日の通告期間をもって「お互いに解約する」ことができ、通算一年で自動的に解約されます。エージェントは、売り手の「専任」だからと言って、この立場を悪用し、勝手に値段や頭金の額、名義変更日などを売り手に相談なく変更した場合、ハワイの法律では「違反行為」となります。

最近起こった事例で、二社に同時に「リスティング」を依頼しようとした人がいました。すでに他の不動産会社に「リスティング」を渡してあったにもかかわらず、当社にも「リスティング」を依頼、売ってくれるように頼んできました。言い換えれば、売り手が払う六％のコミッションを「他の会社と当社」の二社に支払う事になり、合計十二%のコミッションを払う事になるわけで、当社は「リスティング」の意味を説明し、良心的にお断りいたしました。言い換えれば、すでに不動産業界に公開されている物件を、再度公開するという二重の手続きは、全く無意味な事なのです。

ハワイでは「専任リスティング」をエージェントに依頼するということは、その「専任エージェント」が「売り主」を「名義変更完了時まで法律上守る」ということなのです。

6. 〝AS IS（アズ・イズ）コンディション〟

中古不動産物件のマーケットで、〝AS ISコンディション（現状維持）〟という言葉があります。これがどういう意味なのかをぜひ知っておいてください。

日本的な考えでは現状維持で物件を売買する場合、売り手は現状そのままの状態（例えば、天井に雨漏りの跡がある、扉が軋んでいる、電気製品が故障している……など）での売却を考え、反対に買い手は、物件の内容や現状がよく分からないまま、ついつい売買書類に署名捺印してしまうなどという話をよく聞きます。

ハワイを含めてアメリカでは、現状維持という取引は、売り手、買い手双方とも、大変大きな宿題を残しながら「売買交渉」に入っていくことになります。現状維持という条件付きの契約書の場合、売り手にとっては、通常二週間から、長ければ一カ月間は、自分の物件は仮契約されているに過ぎません。

一方、買い手は、現状維持で買うからには、その物件の内容がどういう状態なのか、通常二週間から一カ月の間（調査期間）詳しく調べることができるのです。中古物件は、自然に傷んだり、オーナーの使い方によって傷み具合が大きかったりする場合があるため、買い手を守るための調査期間が用意されているのです。期間を決めるのは、売り手と買い手とで契約する際に交渉をして決めます。

そこで買い手は、インスペクター（専門の調査人）に依頼することになり、契約成立から二週間から一カ月の間に、水道、電気、ガス、屋根、プール、コンクリートの土台のひび割れ、地盤調査など、さらには、違法建築や増築がされていないか、また、以上の工事が合法で行われているかなど、調査する権利があります。なお、これらの調査費用は、買い手負担となります。

調査の結果、故障箇所が分かり、補修や修理費用が判明、また、違法が見つかったりした場合、それらにかかる経費を承知の上で、改めて購入するかどうかを検討し、両者は本契約に入ります。

従って、買い手は修理経費がかかり過ぎる場合は、売買をキャンセルする権利があり、この際の手付金は、エスクロー会社の経費を除いて買い手に返金されます。日本のように、手付金の倍返しなどはありません。

言い換えれば、買い手は与えられた期間に中古物件の確かな内容価値を調査し、納得する期間が与えられ、売り手はその間、良心的に買い手のインスペクターに協力することが、早く売却するチャンスにつながります。〝AS ISコンディション〟とは、売り手、買い手双方にとって公平な法律制度になっています。また、〝AS ISコンディション〟が条件の売買でも、売り手は物件について知っている限りの情報を「売り手情報開示書」によって、買い手に開示することが義務付けられているので、物件の状態がよく分からない状態で「買わされる」という心配もありません。

7. 不動産エージェントの役割と「オープン・ハウス」の回り方

不動産エージェントは、「買い手」を代表する場合には「買い手エージェント」、そして「売り手」を代表する場合には「売り手エージェント」として仕事をします。

ハワイでは、物件を「売る」場合、まずハワイ州の不動産ライセンス保持者である不動産エージェントを一人選び、物件の売却を委託します。委託されたライセンス保持者は、「売り手エージェント」となり、販売契約で定められた期間、売り手のみについて仕事をします。大部分の売り手エージェントは、売り手より預かった物件を、一般人の方々、「買い手」を持っている他のエージェントに見てもらうための「オープン・ハウス」という方法でマーケティングを行います。言い換えれば「物件のお披露目」です。

一般的にオープン・ハウスは、毎週日曜日午後二時から五時までの三時間開催され、その間「買い手」の方々は、さまざまな物件を見ることができます。

通常、日本の方々は、「オープン・ハウス」に「エージェント」を連れて回るほど物々しい事を嫌いがちですが、ハワイでは買い手が「買い手のエージェント」を探して、何の遠慮もなく、一緒に回るのが普通なのです。

「買い手」は、自分で「オープン・ハウス」を回って気に入った物件を探すことができますが、見学に行く前にある程度の知識を持ってオープン・ハウスを回る事をお勧めします。特に見たいという物件があった場合は、事前にその物件についての内容を頭に入れて見ることが大切なポイントです。

それにはやはり自分のためだけに、つまり「買い手」のみに付いてくれる「エージェント」を探し、色々と資料を集めてもらうことです。買い手に必要な情報を調査するのが「買い手のエージェント」の役割なのです。「買い手のエージェント」と一緒に回ることでより良い結果を得ることができます。

「オープン・ハウス」をしているエージェントは、あくまでも「売り手エージェント」であるということをしっかり頭に入れておいてください。「売り手エージェント」ということは、言葉の通り「売り手の物件をより高く、より早く、売り手にとってより良い条件で売ること」です。反対に、買い手に付く「買い手エージェント」は、「良い物件をより安く、買い手にとってより良い方法で買う」お手伝いをするのが役目なのです。

「売り手エージェント」と「買い手エージェント」とは、互いに「相容れない立場」にあるのです。したがって、「売る」場合も「買う」場合も、自分の立場に立ってくれるライセンスを持ったプロのエージェントを探してください。

また、ハワイ州ではコミッション（報酬）は、常に「売り手」が双方の不動産会社に支払います。日本とは違い、「買い手」はコミッションを支払わなくてもいいので、無料で「買い手側」についてくれるエージェントを探して「活用」してください。

ハワイ州のライセンス保持者は、依頼者が「買い手」か「売り手」かによって、その都度「売り手のエージェント」にもなれるし、「買い手のエージェント」にもなれます。

ただ、同時に「売り手と買い手」両方のエージェントになることは稀です。

さて、皆様はオープン・ハウスを見て回る時にあまり深く考えずに、ただその物件を見て回ってはいませんか？

注意しておかなくてはならないのは、全ての売り物件がオープン・ハウスを行ってはいない、ということです。また、オープン・ハウスには、それなりの費用がかかるので、お金のある売り手の物件は、頻繁にオープンしていますが、その時にオープンしていない物件であっても、良い物件はたくさんあります。

物件の真の値打ちを見分けるには、やはりご自分が安心して納得でき、ご自分の側に付いてくれる不動産エージェントを事前に選んでおく事が肝心です。そして、そのエージェントに自分の興味のある地区や、一戸建て、またはコンドミニアムのリストを知らせておく事です。

そうすることによって、あなた側のエージェントがご希望の地区、一戸建てまたはコンドミニアムの全ての売り物件の長所や短所を調べることができるのです。

例えば、パーキングはあるけれど屋根がないオープン・パーキングだ、オーシャンビューだが完全に西向きで暑い、お部屋は大変良いがベランダがない、高齢者も住むので階数は下の方が良い、洗面所とトイレの間にドアがない、クローゼットなどの収納スペースが少ない、子どもがいるので窓の手すりは高い方が良い、台所はやはりガスが良い、ゴミ捨て場があまりにも近すぎて毎朝早くから音がうるさい、近くに深夜まで営業しているバーがあってうるさい、消防署があるので常に消防車がうるさい……などなど、色々と挙げればきりがありません。

以上のような内容について、ご自分のエージェントと相談された後で、オープン・ハウスに行かれることをぜひお勧めいたします。何も知らずにさらっと行く時と、その物件を見る見方が全然違ってくるはずです。

それは、全て皆様にとって「得」になる内容です。必ず良いエージェントを一人お選びください。

何回か会ってお話をすれば、自然と自分のために頑張ってくれるエージェントかどうかが分かってきます。そしてオープン・ハウスを最大限に活用してください。

くどいようですが、最後に忘れてならない大切なことをもう一度。

オープン・ハウスをしているエージェントは、まぎれもなく「売り手側のエージェント」ですので、自分側に付いてくれる「買い手側のエージェント」を、まずはお探しください。不動産エージェント選びを事前に行うことによって、皆様のご希望に沿った良い物件を、効率良く、しかも的確に探すことができるでしょう。

8. 食い込んだ「境界線」

一戸建てを売るにあたり、一番大きな問題になるのが「境界線」です。両隣、そして裏隣との境界線は大変複雑になります。例えば、石塀、木塀、植え込み、そして軒屋根、大きな木とその根など、数多くの組み合わせになればなるほど複雑になります。

日本ではそれらの問題を全て解決してからでないと、名義変更、そして登記をしてくれないと聞いております。しかしハワイでは解決方法が日本と異なるのです。

ハワイでは両隣、また裏隣との問題は、「当人」同士が納得して同意すれば解決するのです。ここで使われる書類が「エンクロッチメント・アグリーメント（境界線食込み同意書）」という「契約書」です。

例えば、左隣との間は、自分の石塀がわずか7センチほど隣に食い込んでいる……。右隣との間にある植え込みはお隣が自分の方に食い込んでいる……、裏の木塀は自分の方が裏隣の敷地に食い込んでいる……と、複雑なケースも「エンクロッチメント・アグリーメント」で解決できます。

その代わり、必ず「測量士」によって正式に測量を行い、左の家、右の家、裏の家……と三軒との「エンクロッチメント・アグリーメント」が作られ、お互いがその内容に同意した上で登記されます。

まず、左隣とは石塀であるため、わずか7センチのために石塀を壊すことは大変なので、食い込んでいることを両者が同意書上で認め、サインをすればよいのです。

同じく右隣の植え込みは、すでに背が高くなっており、自分たちもあった方が良いため、これも同じく両者で同意書にサインをすれば解決するのです。

また、裏の木塀は、犬がいるため裏隣も助かっている理由で同意、以上、「三者」との「同意書」を新しい買い手に渡し、同意してもらうのです。

このように「三者」との「エンクロッチメント・アグリーメント」も、「権利書」と一緒に「登記」することによって、これが代々と続くわけです。

将来、もし木塀が倒れて使えなくなった時は、その時点で裏隣が建てるのか、それとも新しいオーナーが建てるのか、それとも「パーティーライン（境界線）」として両者で建てるのかを決めます。

以上の通り、ハワイでは合理的に「物事」を解決する事に力を入れております。たとえ7センチ広くなったとて、それほどの変わりはなく、隣近所と仲良くした方が「得」をすることもあります。

9.「いざ、物件購入」——ここに、ご注意！

ハワイで不動産物件を購入するにあたり、いくつかのアドバイスをいたしましょう。

近ごろは、新規物件もありますが、ハワイのマーケットは中古物件が多いため、美しく「内装」をして売りに出している物件が多くあります。特に改装をした家、またはコンドミニアムは、見る前によく調べた方が良いと思います。

カーペットやペンキぐらいなら良いですが、電気や水道、下水、窓、塀、またはベランダを囲って部屋の一部にしている物件の中には、必ず「許可」を必要とする物件があります。

「ホノルル市」から「許可」なくして改装した物件を買った場合で、後々内容が発覚した場合は、「内装」または「改装」する前の状態に戻さなければならないケースもあります。

近頃は、建設ブームのため、なかなか業者が見つからない事が多く、結果として、早く仕事を済ませる方法として、「許可」を取らずに仕事に取り掛かる業者がいます。たとえ、美しく「内装」または「改装」していても、必ず買う前に契約書の中で「許可」があるかないかを調べてください。もし、「売り手」側から「許可」を得ている証明が、ある期間内に提出されない時は、その物件の購入をキャンセルすることもできます。また、名義変更前に「内装」または「改装」を、規制通り元に戻す事を要求する事もできます。

また、コンドミニアムの場合、各コンドミニアムの「規制」があるため、自分の部屋だからと言って、勝手に自分好みの色のカーテンを付けたり、壁を取り除いたりは許されません。ほとんどのコンドミニアムで、コンドミニアム全体の「美」を壊さないための「規制」があり、カーテン等は決められた色だけが許されます。

一戸建ての場合は、通常、二つ目の台所は禁じられているので、二つ目の冷蔵庫や二つ目のストーブ（レンジ）にはお気を付けください。必ず「売り手側」から証明をもらってください。そして、まず疑問に思ったときは、専門家に調べてもらうことをお勧めいたします。

10．「レター　オブ　グッド　スタンディング」って何？

「レター　オブ　グッド　スタンディング」とは、会社設立証明書、または会社存続証明書と呼ばれる書類で、弁護士によって作成される書類です。言葉通りに直訳すると「両足で強く立っている手紙（文書）」となりますが、この文書は何のために、どのような時に必要であり、使われるのでしょうか。

この「文書」は、アメリカで「会社」の「現在の信用度」を示す時に使われ、社会的にその「会社」が「信用」されているという時に使います。通常、その「会社」の住所がある町、または市に事務所を持っている「弁護士」によって作られます。

では、いつ、どのような時に必要なのでしょうか。「両足で強く立っている……」、言い換えれば「この文書によって、会社が社会的にも認められ、信用出来る会社」であることを示す時、例えば、「会社名義」で不動産物件を「買う」場合、または「会社名義」で持っている不動産物件を「売る」場合、「この会社は社会的に認められた信用出来る会社です」という事を示してもらうのです。幽霊会社が買うのでもないし、幽霊会社が売るのでもない事を示すのです。

先日、このような事がありました。日本のある会社が持っている「不動産物件」を売る事になりました。名義変更前に、この「レター　オブ　グッド　スタンディング」が必要になります。

日本側で、どなたかお知り合いの弁護士に頼んでみてくださいませんか……、とお願いしてみました。ところが「我々の会社は、弁護士を使わなければならないような会社ではありません」という返事が戻ってきたのです。

お客様に何度もご説明いたしましたが、「信用」を社会的に「示す」のは、「税理士」である……、と言われ、最終的には、お客様の言われる通りに税理士が作成した書類を日本語から英語に訳し、その上、その書類が正式な書類であることを示すために、公正証書として公証人から認証してもらいました。そして、名義変更手続きを仲介しているエスクロー会社に提出したところ、わずか「一分」で断られました。

アメリカであるハワイでは、弁護士が作成した「レター　オブ　グッド　スタンディング」でなければ、登記所でも有効文書として認められないのです。手続き、経費、時間、と相当使いましたが、やはり「一言」で断られました。

結果として、日本の弁護士にお願いして、この会社を調べていただき、「レター　オブ　グッド　スタンディング」を作成し、無事に名義変更をすることができました。

ハワイにはハワイの法律があることを知っていただきたい一例です。

11. 新規不動産物件――建設から完成まで

ハワイと日本とでは、新規不動産物件の建設から完成までの流れ・経緯に大きな違いがあります。

まず、コンドミニアムですが、建物の五〇%は「購入者本人が住む」という「住む買い手」の「権利」が尊重され、そのためにその物件の五〇%に当たる「部屋数」は「確保」されています。また、「ある一定期間」は、まず「住む買い手」だけのために宣伝および販売がなされ、その後、「投資家」のための宣伝が行われ、その物件の投資家への販売が行われます。

その理由は、「住む買い手の権利」ということもありますが、開発業社にとっても

「住む買い手」と「投資家」とのミックスによって、バランスが取れ、その新規物件の販売が順調な出発をし、物件の価値を維持し、高めることになるからです。

「新規物件の販売」とは、言葉の通り「新しく建てられる物件」で、まだ「目に見えない」物件です。ただ「完成予想図」しかない「物件」を売るため、その行為によって一般の買い手に「被害」がないように、買い手は「目に見えない」物件を「信用」し、契約書にサインをし、手付金を入れた後も、契約書上で定められたある一定期間は、「キャンセル」できる事が法律で定められています。もちろん遅れて買った人たちは、キャンセルできる日数が少なくなります。この「区切りの日」は、「ファイナル・パブリック・レポート」が発行された日で、「ファイナル・パブリック・レポート」が発行されるということは、開発業社による建設が順調に進行していることを示しています。

次に、開発業社は「住む買い手」や「投資家」から集めた手付金を、全額「エスクロー会社」に預けます。
「エスクロー会社」は、第三者の公平な立場にありますから、預けられた手付金は開発業社には一切渡らず、「エスクロー会社」で安全に保管されます。「ファイナル」が出る前に「キャンセル」をした買い手には、「エスクロー会社」から払い戻しがなされます。ただ、エスクロー会社によっても異なりますが、キャンセルした場合は二〇〇～三〇〇ドル程の事務手続き費がかかります。

開発業社は、買い手から集めた「手付金」、すなわち「エスクロー会社」に預けてある金額を「証明」とし、また、銀行はその金額によって、「確実」な新規物件であるかないかの判断をして、開発業社に対し「工事用ローン」を出資します。結果として、開発業社は多額の自己資金が無くても、開発が進められるのです。

開発業社は買い手からキャンセルをされないような良い物件を計画して、全力を投じて「建設」を着々と進め、「実績」を作っていくのです。言い換えれば、早く買い手が付き、途中でキャンセルされない物件を建てる事が大切です。

以上、簡単にご説明いたしましたが、「開発業社」、「買い手（住む買い手と投資家）」、「銀行」、「エスクロー会社」の横のつながりを緊密に持ち続け、工事を始めるので、関係者全員が守られる結果になります。そのため、新規不動産物件を建てるのに、二〜三年の期間が必要となります。

12. 不動産の権利書に付く「タイトル保険」

ハワイでは、買い手が不動産購入金額の「額」まで「権利書」に「保険」を必ずかけます。これは、「タイトル保険」と呼ばれ、「保険」をかけるからには、その物件および権利書が確かなものであること、そして保険をかける保証の確信がある「物件」で、同時に、必ず「エスクロー会社」を通して名義変更された物件のみがかけられます。

「エスクロー会社」は、「タイトル・サーチ（権原調査）」を行うことによって、その物件の所有者履歴を調べ、また、現在の所有者全員の抵当権や税金未払い、工事費未払いや、シロアリ、測量、そして違法工事などの有無を調べた結果、全てクリアになった物件＝リスクのない物件のみに保険をかけます。

従って、保険会社が保険をかけることを断る物件も多々あります。しかし、通常の取引の場合、「エスクロー会社」を通して名義変更をしていれば、エスクロー会社が「保険」の手続きをしてくれます。保険なくして名義変更をした場合、今後、銀行やその他の金融会社は、その物件の問題を解決するまでは「抵当権」を設定することに難色を示します。

もちろん、次に売る場合、「タイトル保険」に加入していない不動産物件は、買い手が付きにくいという事です。言い換えれば、「タイトル保険」は、その物件の「保証書」とも言えるのです。

不動産をご購入の際は、必ず「タイトル保険」がかけてある物件を買う事です。そしてご自分の物件にも保険を必ずかけて、ご自分の不動産物件を「お守り」ください。

13. ハワイと日本「不動産権利書」の違い

ハワイでは、不動産物件の「権利書」は、「売り」「買い」の都度新しく作成されます。「権利書」を作成するには、まず、「売り手」から「買い手」に売る事を示した「契約書」を作成します。この契約書は約二〇ページ程の書類で、契約が成立した場合、この「売買契約書」をもとに、売買手続きを仲介する「エスクロー会社」にて、名義変更手続きが始まります。

この名義変更手続き中に、弁護士が「売買契約書」をもとに、新しく「売り手」から「買い手」への売買を明記した「権利書」を作成するのです。

その後、「エスクロー会社」で、「売り手」と「買い手」は、新しく作られた「権利書」に公証人の前でサインをします。日本での場合は、アメリカ大使館もしくは領事館、最近では、公証人役場と法務局によって「公証」してもらいます。サインされた「権利書」は正式に「登記」され、この新しく登記された権利書が正式な「権利書」となるのです。言い換えれば、不動産が「動く」度に、常に新しい「権利書」が生まれ、「登記された書類」のみが有効な「権利書」になるのです。

また、たとえ「古い権利書」を持った人が、その権利書を不法に使おうとしても、ハワイ州では、「タイトル・サーチ（権原調査）」という方法で、簡単に現在の物件の「持ち主」を調べることができるので、即座に「無意味な権利書」であることが判明し、「不法」に使用することはできません。言い換えれば、「エスクロー会社」は、「名義変更日／登記日」まで「タイトル・サーチ（権原調査）」を続け、「不法」の「有無」を調べて「名義変更」をします。遠く離れた日本で、ハワイ州にある物件の「古い権利書」を不法に使用することはできませんので、個人でハワイの物件に「担保」を付けたり、お金を貸した時に「権利書」を預けることは無意味です。最悪の場合は、日本国内で個人から個人へと、ハワイ州の正式な手続きをエスクロー会社を通さず「売った場合」、または「買った場合」は、お気の毒ですが、ハワイ州の法律で無効となります。

結果として、ハワイ州の「権利書」は、日本の「権利書」のように、過去の移り変わりの経過が示されておらず、その「取り引き」一回のみの「権利書」となります。ちなみに、「古い権利書」は、翌年の「確定申告」の際に必要ですが、売却する時には不要になります。

ハワイでの不動産売買には、必ずハワイ州不動産ライセンス保持者にご相談ください。

14.「権利書」の基礎知識

ハワイでは、不動産物件を売買の都度「権利書」を新しく作成します。ある物件の売り手と買い手が売買に合意し売買が成立したら、エスクロー会社が仲介に入って名義変更手続きが始まり、約三~四週間で名義変更の登記の用意が整います。

もちろん、買い手がローンを利用して購入する場合は、ローン審査手続きの遅れなどが発生することもありますが、大体の場合は六〇日程で名義変更が完了します。

売買の都度、新しい権利書を作る……ということは、この新しい「買い手」が、数年後にその物件を売る場合には「売り手」となり、さらに新しい買い手との間で新たに「権利書」が作成されます。言い換えれば、数年前に「買い手」として持っていた権利書は、物件を売却したことによって、完全に「無効」になるのです。

これによって、新しい買い手に正しい権利が渡り、アメリカ特有の「訴訟問題」を少なくすることにもなります。

ただ、権利書が英語で作成されているため、英語の読めない方たちを騙すという犯罪例が過去にありました。無効になった昔の権利書を持ち歩き、日本で「ハワイに物件を持っている……」と言って、たくさんの人から金銭を借りていた人がいました。日本にいながらこのような犯罪から身を守ることは大変難しいと思いますが、もし、日本でハワイの物件を担保に、金銭を借りようとしている人がいたとすれば、とてもシンプルな方法で自分を守ることができます。

まず、ハワイの不動産エージェントに電話で連絡を取り、果たしてその人が実際にその物件を現在も所有しているのかを確認することができます。これは一〇分程度で判ることなので、この一本の電話でご自分を犯罪から守ることができるのです。

それでは、安全に「権利書」を登記するには、どうすればよいでしょう。

不動産登記を行う登記所は、通常平日午前八時にオープンしますが、皆様はご自身の不動産売買を登記する場合に、午前八時一分の登記と午後三時半の登記のどちらを選びますか？

例えば、「名義変更日」が六月一日だとします。正確に言えば、六月一日は午前十二時に始まっており、午前八時でも、午後十二時でも、そして午後三時でも同じ六月一日です。同じ日に登記をしても、午前八時一分から午後三時半の間に不正が行われる危険がないとは言い切れません。午前八時一分に登記が行われる場合は、不正を行う余計な時間が無いので、安心して登記ができるというわけです。
私でしたら、たとえ翌日になったとしても、午前八時一分に登記をいたします。

第二章　上手に付き合おう不動産エージェント

◇不動産会社へ管理委託の基礎知識

1．「出訴《しゅっそ》期限法」とは……

ハワイに来られて、「ハワイの不動産」について勉強をしてみたいという方は、どのように動いたらいいのでしょう。

それを簡単にまとめてみました。

例えば、すでに物件をお持ちの方がそれを売りたい、または、新しく別荘が欲しい――こんな場合、どちらも不動産エージェントが必要になります。

買いたい方と売りたい方とは考えの根本が相容れません。「よい物件を安く」と「経費をかけずに高く」――この相容れない現実を一人のエージェントがまとめることになりますと、どちらかに「不義理」をすることになります。

聞くところによりますと、特に日本国内での取引には、俗に言う「両手取引」があまりめずらしくないそうですが、ハワイの不動産会社は、問題が発生し、不利な立場になるのを警戒して、これをあまり好まないのが現状です。

確かにこの「両手取引」は業者、エージェントにとって、魅力ある一面を持っています。特に、コミッションだけで働いている不動産エージェントにとっては、またとないビジネスチャンスです。しかし、売り手側を十分に守り、買い手側も同時に十分に守る技は、たいへん難しい点があります。

ただ、それが全くできないわけではありません。売り手側と買い手側の両者の「両手取引」を承認するサインがあれば、問題なく両者の仕事ができます。しかし、そのエージェントの上に立つ「プリンシパル・ブローカー」と常に綿密な連絡を取り、法律上の問題の有無を一つ一つチェックしつつ、名義変更までの一カ月あまりの仕事を進めていかなくてはなりません。

皆様の中には「出訴期限法」という言葉を、お耳にされた方もいらっしゃると思います。

ハワイ州には、五年間の「出訴期限法」があります。この法律は、不動産会社にとって重要な法律ですので、会社に籍を置くエージェントは、しっかりと勉強しておかなくてはなりません。

お客様の中で、どうしてもご自分が不利な扱いを受けたと思い、それについての証拠が十分であれば、取引後五年以内に担当エージェントとそのエージェントが在籍する不動産会社を訴訟することができる法律なのです。

もちろん、両者の意見や証拠などをもとに法律に基づいて裁かれますので、必ずしも勝訴となるとは限りません。訴訟を起こすには弁護士費用がかかることも、十分考慮に入れておく必要があります。

因みに、ハワイの弁護士費用は、通常、一時間当たり二五〇ドルから七〇〇ドルほどです。しかも、ほとんどの場合、前金としてある程度の金額を要求されます。

アメリカは「訴訟の国」と言われるだけに、お客様ご自身が注意をしておかなくてはなりませんが、何よりも「買い手側」「売り手側」両者に対して金銭的な損、または不利をさせてしまうことのないよう、エージェントは日頃の勉強が大切です。

ホノルル市内で日本語のできる不動産ライセンス保持者は約八〇名おり、ここ一〇年近くで急増しています。それだけ日本人のニーズがあるのだと思います。どのエージェントも、自分の収入よりお客様の立場を必ず守るというプロの意識で仕事をして欲しいと思います。

2.「エージェント」と契約書

ハワイで不動産物件を購入するときは、どの不動産会社を通しても、同一内容の契約書が使われます。オアフ島全体の不動産ライセンス保持者約一万三〇〇〇人（二〇一四年現在）の約半数が、メンバーとして加入しているホノルル不動産協会作成様式の契約書を使います。同協会から渡される数種の契約書は、全て不動産専門の弁護士によって作成されたものです。

不動産ライセンス保持者全員が不動産協会のメンバーではありませんので、係わり合いの不動産会社が協会メンバーかどうか、お客様ご自身がお調べになってください。

同協会作成の契約書は、売る、買う、物件交換等々、ありとあらゆる場合について使用されます。エージェントは、買う場合も、売る場合も、担当するお客様の希望を、その通りに記入箇所に正確に記入します。それをもとに名義変更まで書類内容に基づいて進めるのが、エスクロー会社の仕事になります。もともと、同じ基本契約書に基づいているので、ホノルル市内約二〇社のエスクロー会社は、どの不動産会社の契約書を見ても取引の状況が把握できるのです。

このように、ハワイ不動産取引では売り手、買い手双方の契約書様式が統一されていることで、お客様にも安心していただけます。各不動産エージェントも知識、経験の個人差を改善するために、常に新しい講義を受け、お客様を守れるよう、レベルアップに努力しています。

もし、お客様が、いささかでも取引内容に疑問を持たれるようなことがありましたら、エージェントに何度でも質問できますし、最終的には弁護士にお聞きになるのもよいでしょう。ただし、そのときの弁護士費用はお客様のご負担となります。

また、契約書にサインをして購入意思を表明したものの、その物件内容をあまり知らずにサインをしてしまった、などの場合でも契約書の中に、買い手を守るために作られている条項が数カ所ありますので、乱用しない限り、買い手エージェントは買い手を守るために契約をキャンセルしたり、または、再検討のためのある程度の時間を、売り手側から許容してもらうこともできます。

銀行ローンでの購入をお考えの方は、ローンが下りるまでは条件付きですから、万一ローンが下りない場合を考えて、その場合はキャンセルできるように、契約書に記入しておけば**自動的にキャンセル**ができます。

いずれにしろ、**「信用のおけるエージェント選び」**と**「ホノルル不動産協会が監修した契約書」**を上手に使うことが、不動産売買初期段階の最優先課題と言えましょう。

3. 不動産管理会社の役割

不動産業界における不動産管理会社の役割について、「物件オーナー様」に対する役割と「テナント様」に対する役割とに分けてお話しします。

物件オーナー様に対する役割は、大まかに分けると、物件を賃貸として貸し出して得た家賃を各オーナー様へ計上する**「賃貸管理」**と、オーナー様の留守中を管理する**「別荘管理」**との二つに分かれます。

まず、**「賃貸管理」**は、オーナー様が使用しない期間、物件を賃貸物件として貸し出して家賃収入を得ますが、ここでの私ども不動産会社の大切な役割が「テナントの選考」です。

テナントの選考は、法律上公平に判断するために、通常「クレジット・チェック（信用度調査）」の結果をもとに行われます。**（クレジット・チェックについては「第三章　8．クレジットとは……」をご参照ください）**これは最低三〇〇点から最高八五〇点までの点数によって、その人が「経済的」に充分な適応性があるかどうかを判断します。

ちなみに、当社でテナントを選考する際、六八〇点以上が基準となり、それ以下の方はお断りをしております。

このクレジット・チェック以外に「社会人」として、良いテナントになれるのかを公平に見分けなくてはなりません。法律によって、人種、年齢、性別などで差別をしてはなりません。

当社では、賃貸物件の契約は、通常六カ月から一年間の居住者を対象としております。また、契約期間終了後はスムーズに退去してもらうことも重要な条件になります。

次に**「別荘管理」**ですが、オーナー様が使用しない期間、特に水漏れなど問題が発生していないか等、定期点検を行って管理をいたします。その他にも、オーナー様が使用する前後のクリーニング、そして固定資産税や管理費など諸経費の支払い代行なども管理の一環として行っております。

「テナント様」に対する不動産会社の役割についてお話しします。

少し厳しい条件が付きます。

まず、クレジットが六八〇点以上であることが第一条件ですが、常日頃から責任ある良い「社会人」として、自分のクレジットに傷が付かないように、生活全般に気を付けているかどうかが選考基準になります。

例えば、「レンタカー」を借りて返却する際に、ダメージがないか係員によって点検され、傷やその他のダメージがあった場合には、支払いを請求されますが、「コンドミニアム」を借りる場合も同じです。

基本は極めて単純明快。入居した時と同じ状態で退去するだけのことです。

しかし、各コンドミニアムの「ハウス・ルール」を守れずに、レジデント・マネージャー（管理人）から退去命令が出るほど行儀の悪いテナントもいます。

家賃などの支払能力があり、経済的には問題がなくても、「社会人」として自分が住む場所の「ルール」さえ守れない人、例えば、プールに飛び込み、周りの人たちに水をかけたり、午前一時、二時過ぎまで自宅パーティーで大騒ぎするなど、近所の迷惑を全く考えない欠陥テナントは、管理会社やレジデント・マネージャーの指示に従って退去していただくしか方法はありません。

このように、「物件オーナー様」をいかに守るかが、我々不動産管理会社にとって大切な役割となるのです。

4. 不動産とライセンス

ハワイ州では、不動産のセールス、または物件管理に携わる人は、必ず不動産ライセンス保持者でなければなりません。厳しい法律によって、ライセンスの取得が義務付けられているのです。ハワイ州の不動産業者にも、その厳しい規定が課せられることは申すまでもありません。

ハワイ州でライセンスを取得する際の資格規定は次の通りです。

①セールス・パーソン・ライセンスの資格

- ハワイ州居住者
- 十八歳以上の成人
- ソーシャル・セキュリティ番号保持者
- ハワイ州不動産委員会公認のセールス・パーソン教育課程を修了した後、二年以内にハワイ州不動産セールス・パーソン検定試験に合格していること
- 公平で誠実な人格者であること

ご注意＝ハワイの大学の不動産セールス・パーソン教育課程を修了した留学生の方は、就労ビザを持っていないので、不動産業に就くことはできません。

②ブローカー（取引主任）ライセンスの資格

- ハワイ州居住者
- ハワイ州内で三年以上、不動産セールス・パーソンとして業務経験を持つ者
- ハワイ州不動産委員会公認の取引主任教育課程を修了した者
- ハワイ州不動産取引主任検定試験に合格していること
- 公平で誠実な人格者であること

その他、他州での不動産ライセンス（ブローカー及びセールス・パーソン）を申請する場合は、その本人を六カ月以上知っていると言う人の証明が必要となります。

その内容は、「公平で、正直かつ誠実な人格である」という宣誓署名した証明書が必要となり、刑罰に処せられたことがある者は、罰が赦免されたという証明が必要です。

また、以上の二つのライセンス保持の免許有効期間は二年です。次の年も業務を続けるのであれば、再度申請しなくてはならないのです。言い換えれば、偶数年の一月一日から有効となり、その翌々年の十二月三十一日に無効となります。その間、法律の更新

があったりするので、二年毎に新たに二〇時間の講習を受けなくてはなりません。「ライセンス」と二年間の「有効期限」とは別件で、「ライセンス」のみでは仕事は出来ません。ハワイ州の不動産エージェントは、「セールス・パーソン」にしても「ブローカー」にしても、常に再教育を受け、再登録された者だけが不動産業に携わることができるのです。それだけの研修を重ねて皆様の財産をお守りするシステムになっているのです。

不動産売買時には必ず「ライセンス保持者」にご依頼ください。

■日本とハワイ 「不動産ライセンスの違い」

第一章でも述べましたが、お客様にとっても大切な事ですので、もう一度お読みください。日本とハワイでの「不動産ライセンス」および「不動産エージェント」には大きな違いがあります。

ハワイでは、「不動産ライセンス」を取得したからといって、常に毎年不動産の仕事ができるわけではありません。ライセンスには「営業許可証」と「休業許可証」があるからです。
法律上、今年の「営業許可証」保持者のみが、不動産会社に「籍」を置いて不動産の仕事に携わる事が許されるのです。言い換えれば、昨年不動産の仕事をしていたエージェントが、必ずしも今年不動産の仕事が法律上できるとは限らないのです。

お客様がこの「営業許可証（カード）」の提示をエージェントに要求することは、全く失礼には当たりません。エージェントに不安を感じるような事があれば、名刺だけでなく、遠慮なく「今年の営業許可証カード」を見せてもらう事です。

ハワイでは、不動産エージェントが会社を次々と移籍する事は不思議ではなく、その度に名刺が変わるので、よほど注意しなくてはなりません。

LICENSE NUMBER RB - 14483
EXPIRATION DATE 12/31/2016
STATE OF HAWAII DEPARTMENT OF COMMERCE AND CONSUMER AFFAIRS
REAL ESTATE BROKER
FOGARTY REALTY INC
DBA FOGARTY REALTY
425 ENA ROAD STE A-1
HONOLULU HI 96815
(SIGNATURE OF LICENSEE)

私の会社の営業許可証(2016年迄)です。

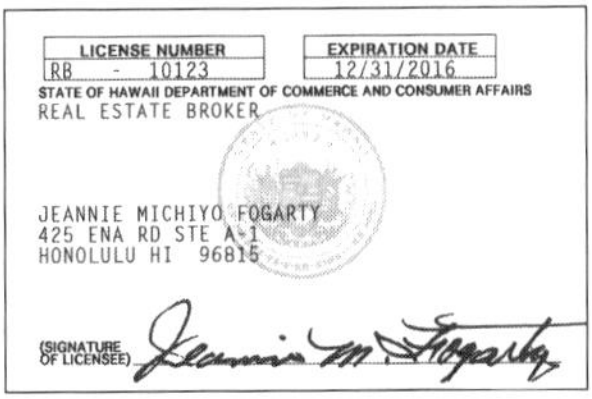
LICENSE NUMBER RB - 10123
EXPIRATION DATE 12/31/2016
STATE OF HAWAII DEPARTMENT OF COMMERCE AND CONSUMER AFFAIRS
REAL ESTATE BROKER
JEANNIE MICHIYO FOGARTY
425 ENA RD STE A-1
HONOLULU HI 96815
(SIGNATURE OF LICENSEE)

私のブローカーの営業許可証(2016年迄)です。

持っている「営業許可証」を、一時ハワイ州に預ける事によって「休業許可証」となります。

ライセンスが「休業（イン・アクティブ）」の間も、ハワイ州に一定の維持費を払い、いつでも営業できるようにしておきます。「営業」に替えたいときは、「休業」していた期間に合わせて新規の法律等、新しい不動産知識に関する講義を学校で受講し、その「受講修了証書」と手続き用書類をハワイ州に提出、諸々の経費を支払うことによって「休業許可証」を「営業許可証」に登録しなおすことができるのです。

また、「営業許可証」は二年毎（偶数年）の更新が必要で、その上、不動産業者の質を保つために、更新用のクラスを二〇時間受講し、更新手続き費用をハワイ州へ支払って更新手続きを行います。そこで初めて更新された「営業許可証」が発行されるのです。

このように、「不動産ライセンス保持者」というだけでは、ハワイで不動産の仕事に携わる事はできません。一〇年も二〇年も前の古い不動産法律の知識のままで営業するという事は、お客様に対して大変不義理となり、不動産業界の信用とレベルを落とすことにもなります。あくまでお客様の「大切な不動産や資産」を扱う立場を維持するために、このような厳しい法律になっているのです。

やや専門的になりますが、不動産エージェントが「籍」を置く「会社」を経営する「社主＝オーナー」や「総合責任者＝プリンシパル・ブローカー」には、さらに厳しい規則、法律が課せられています。

また、必ずしも「社主＝オーナー」が「総合責任者＝プリンシパル・ブローカー」として、営業しているとは限りませんが、「オーナー」と「プリンシパル・ブローカー」が同一人物であれば、お客様にとってより安心して任せられる会社であると言えます。

ちなみに、フォガティ不動産は、「オーナー」と「プリンシパル・ブローカー」は、私、ジニー 三千代 フォガティが務めており、「売る」にしろ、「買う」にしろ、あるいは「所有物件の管理」にしろ、お客様が安心してお任せ頂けると確信いたしております。

5. 不動産広告

最近特に気が付いたことですが、新聞やインターネット、そしてフリー雑誌などに掲載されている不動産広告が、本来の「不動産広告」からかけ離れて、極めて個人的な、自己主張の強い広告に変わってきています。

不動産広告は、特に法律によってはっきりした規定がありますが、最近は、物件情報はそっちのけで「自己宣伝」のみを強調した広告の多さに驚かされます。ハワイ州もアメリカの一州です。アメリカ連邦政府の法律を守らなければならないのは当然ですが、それを守らない不動産エージェントが出てきているのです。

ハワイの不動産エージェントは、「インディペンデント（独立）契約」で、各不動産会社に所属し、不動産の仕事をします。言い換えれば、「不動産会社」に所属するということは、「会社」あっての「エージェント」なのです。不動産広告は、不動産会社名を第一にして表に出し、その後にエージェントの名前を出すべきなのです。

ここで本題の広告についてお話しいたします。ハワイの日本語新聞やフリー雑誌、そしてインターネットなどに、各不動産会社の広告が出ていますが、よく見ると「エージェント名」、そして「エージェントの電話番号やメールアドレス」が一番大きく出されており、所属している会社名が本当に小さく記載されている広告が目立ちます。中には、会社名が全く記載されていない広告も見かけます。

もしかしたら、不動産会社の責任者である「プリンシパル・ブローカー」が、日本語の新聞、雑誌、インターネット広告まで目が届いていないのかもしれません。

F. C. C.（Federal Communications Commission ＊連邦通信委員会）及びハワイ不動産協会は、もしこの広告が「英文」の広告であれば、掲載しているエージェントに注意を促してくるでしょう。これらの各機関で日本語が読み書きできる人材が不足しているため、ある意味で日本語での広告は野放しになっているように思えます。

不動産エージェントは、個々で不動産ライセンスを取得するため、各自で州認定の不動産学校で学び、学校での修了試験を受け、その修了試験に合格して、やっと州が実施する試験を受けられるのです。これに合格した人のみがライセンス保持者となり、不動産エージェントとして活動が出来るのですが、試験のなかで「いかにして広告を出すか?」という問題もあるくらいです。「広告」というのは、必ず法律に沿って統一しなければ、自然と乱れてくるものです。

特に大きなお金が動く不動産の売買では、「不動産広告」での「会社の信用度」が大切です。会社名のない「個人宣伝」なみの広告は、一般的に見て信用度が薄れ、社会を乱すことになるのではないのかと思います。

6. ハワイと日本 「固定資産税」の違い

日本の皆さんは、税金の中でも「固定資産税」は、ご自分が持っている「不動産物件」の査定額によって決まる税額を支払っていると思います。

ところがハワイでは、もちろん「物件査定額」がベースになっていますが、日本と全く異なる点は、「持ち主」がまずその物件を「自宅」として「住んでいる」「いない」かによって税額が違ってきます。自宅としている場合、その人の年齢がある一定以上の場合、一定額が免除されるのです。

また、日本にはない「免除方法」ですが、「兵隊」として軍隊に入り、何かの形で負傷した場合、手、腕、眼、耳、足……と、その「負傷の程度」によって、免除があり、税額が下がります。また、そのような方々の未亡人にも免除があります。

次に、ご自分で住まずに「賃貸」としてレンタルに出した場合も、「一週間、二週間……」単位の「短期」でレンタルに出す場合と、「六カ月以上」の長期レンタルにする場合とでは、驚くほどの差が出ます。

「短期」レンタルをされた場合、「固定資産税」支払い時、通常の約三倍程度の税金を支払う必要があります。その理由は、通常「短期レンタル」はホテル並みに高く貸せるので、もちろん税金も高いわけです。言い換えれば「投資家」に対する税、ホテル並みの税金を支払うことになります。

物件を購入する方から、「固定資産税はいくらですか?」とよく聞かれますが、現在売りに出ている「売り手の税額」を聞いても、個人個人に差があるので、全く意味がありません。

売り手が「短期」でレンタルに出していた物件の場合と、オーナーが住んでいた物件を買う場合では、「税額」が全く異なるのです。むしろ、ここで気を付けなければならないことは、買った後、「元の売り手の税額」と、ご自分の正しい「税額」を調べることです。知らずにいると「元の売り手の税額」を、そのまま継続して未だに払っているかもしれないからです。

当社にお電話をいただいた方で、ご自分がいつでも使いたいため、現在「短期レンタル」で他社に任せているが、税金が大変高いのに驚いたので、本当なのか調べてほしいと依頼がありました。結果的には、「長期レンタル」をしていた方が経費は安い……となり、ハワイに来る時は、長期レンタルで得た収入でホテルに泊まる……という事になりました。

「短期」でレンタルに出す方が収入が多い……と思われていますが「短期レンタル」は、「消費税：四・七一二％とホテル税：九・二五％」（二〇一五年時）、そして「居住用住宅」の約三倍の固定資産税を支払う事になるため、あまりメリットがないのが実際です。

また、「短期」の場合、テナントの入居率も不安定なうえ、「人の出入り」が多いため、室内の汚れ、傷み、故障、破損……と、経費も嵩むでしょう。

なお、固定資産税の減額は、アメリカ市民と永住権のある方のみになっております。

7. 節税対策と「名義」

先日、日本からのお客様が当社に飛び込んで来られました。お話は、自分が所有しているハワイの物件の名義に妻の名前も加えてほしいという内容でした。

通常、不動産を購入する場合、担当不動産エージェントは、購入者が既婚者である場合、妻、もしくは夫の名前も共有者の名義に加えるかの確認を行いますが、大半の方が「結構です」と断られます。

このお客様の要望は、それとは逆に、ご自分からあえて妻の名前をすぐに加えてほしい……というものでした。

その理由とは……。


最近、自分の友人が亡くなり、残された遺族が税理士や弁護士を通して財産の整理を始めたのだが、その友人が所有していたハワイの物件の名義が、彼一人だったので、それを相続する遺族が思いもよらない額の税金を支払うことになりそうだ……と。

友人の遺族からその話を聞いて、このお客様は、自分もハワイで所有している物件の名義が自分一人であり、そのために自分が死亡した場合、遺された妻や家族に友人の遺族同様の面倒をかけてしまうことになるのではないか、そう考えて所有物件の名義に妻の名前を加えたいということで、当社を訪ねられたのでした。


確かに一人の名義でアメリカで物件を所有することは、所有者が死亡した場合、一人で所有していたために、一応「持ち主」がいなくなったと解釈しなければなりません。

その後、プロベート（遺言検認）を行い、それによって次のステップに進みますが、結果として、最高額の税金を支払うことになります。しかし、所有者が二人で、「生存者」に残される形で権利書を持っていれば、それにより遺言検認も早く終わり、税金も最高額を支払う必要はなくなるのです。

私は、このような事例は四〇年以上のエージェント経験で知っておりましたので、さっそく弁護士に連絡を取り、このお客様の要望を伝えました。実は、このお客様は二日後に日本に帰国しなければならない、という多忙なスケジュールで来られていたのですが、弁護士が早急に必要書類の準備を行ってくれたので、翌日には、このお客様を弁護士事務所にお連れし、無事に手続きを済ませることができました。

ここで簡単に手続きの内容をご説明しておきましょう。

まず一人で所有している物件の所有権を放棄する書類「クイット・クレーム・ディード」にサインをします。この書類にサインをすることによって、その物件は所有者がいないことになります。

次に、夫と妻の名前が明記された書類にサインをします。この二つの書類にサイン、登記することによって、夫一人から夫婦二人が所有者となるのです。この手続きを行うことで、どちらかが死亡した場合でも、高額な税金を支払うことなく物件を引き継ぐことができるのです。

結果として、このお客様は二日間という僅かな時間と経費で、大変大きな節約をしたのです。

現在、お一人で物件を所有されている方は、こういった利点があるということも踏まえて、一度エージェントにご相談されてはいかがでしょう。

8. 不動産にかかる税金

不動産物件を購入するお客様のお手伝いをさせていただく際、必ずと言ってよいほど

「固定資産税はいくらになりますか……」と聞かれますが、これは「買い手」さんの不動産使用用途によって異なってくるのです。

不動産使用用途は大まかに言って次のようになりましょう。

① 別荘として購入者本人が使用
② 六カ月以上の長期レンタルとして貸し出す
③ 六カ月以内の短期レンタルとして貸し出す
④ 買った本人が「自分の家」として住む

実は、固定資産税の減額対象者は、買った本人がアメリカ市民、もしくは永住権を持った個人に限られます。

減額対象となるのは、アメリカ軍に所属する兵士で、戦争に行ったことによって米国から課税免除をされている人などです。その他、物件オーナーの年齢によっても減額される額が異なってきます。日本など、米国以外に住む外国在住者は、減額対象にはなりません。

日本などハワイ州以外の在住オーナーの使用用途は、次の三通りに分かれます。

① 別荘として使用（〝レジデンス〈住居〉〟としての査定額）
② 長期レンタルに出す（〝レジデンス〈住居〉〟としての査定額）
③ 短期レンタルに出す（〝ホテル・リゾート〟として査定されるため、レジデンスの約三倍）

次に、固定資産税以外に支払い義務のある税金を前記の項目別に分けると、次のようになります。

① 別荘使用：固定資産税のみを支払う。

②　長期レンタル：固定資産税と消費税（家賃金額の四・七一二％）を支払う。一年後に確定申告を行い、必要があれば税金を支払う。

③　短期レンタル：固定資産税、消費税（家賃金額の四・七一二％）、そしてホテル税（家賃全額の九・二五％）を支払う。一年後に確定申告を行い、税金を支払う。

（＊消費税率およびホテル税率は二〇一五年時）

近年、個人または不動産業者が前記③の「短期レンタル」を裏で行うことが露見して、「違法バケーション・レンタル」として大きな問題になっております。

「違法バケーション・レンタル」は、消費税、そしてホテル税はもちろん、収入に対しての年一回の「確定申告」もしていないのが通常です。

ホノルル市では、「違法者」に対して一日一〇〇〇ドルという罰金の支払いを物件オーナーに要求しております。不動産業者または個人から「現金支払い」を要求されたら、後々の証拠のため、なるべく小切手での支払いをお勧めします。

9．バケーション・レンタルの長所と短所

◆バケーション・レンタルの長所から、お話しいたしましょう。

おおよその場合、ご自分の希望どおりの料金で決まれば、とても良いバカンスになると思います。

ホテルより安い料金で、その旅行の度に、別の物件を探すことができる、人数が多くても少々の調整が出来る等、使い勝手がいいという利点があります。

街中を離れて決めれば、お孫さん達と一緒にハワイの自然の中で楽しく過ごして、数多くの思い出をつくって帰ることができます。

お二人で来られて、ゴルフ、ゴルフで、真冬に半袖で過ごすひと時も楽しいでしょう。

また、奥様は家で自由に好きな事をされたり、あるいは、モールやスーパーに足を運ば

れたりして、のんびりとした日常生活を楽しむのもよいのではないでしょうか。
ハワイ生活を数カ月されますと、「やみつき」になると聞きます。
いちばん喜ばれるのは、毎朝、ホテルのようにメイドさんがドアをノックしない事です。

また、体の弱い方でも、ハワイに来れば自然と歩く事が多くなり、体の調子が良くなる……。そうおっしゃる方が多くいらっしゃいます。

◆次に短所について、数点お話ししましょう。

インターネットで探す場合など、相手が見えず、条件もきちんと判らないまま、お金を入金させられる事があります。カードではなく、現金での請求をしてくることです。

現在、ハワイではバケーション・レンタルが法的に出来ない一戸建てやコンドミニアムが多くあり、それを承知で現金取引をしている、いわば「もぐり」がありますから、十分ご注意ください。

詐欺に等しいやり方で、被害に遭っておられる方もいらっしゃいます。良い物件と思ってアクセスしたら、「鍵」が送られてきたので、指示どおりに全額送金して、ハワイに来て見たら、送られて来た「鍵」はタダの「鍵」で、ドアは開かない。そんな物件は無い……、などという最悪のケースもありました。

くれぐれもご注意ください。

10．「レンタル」？ それとも「持ち家」？

住宅をレンタルしている人で、このままレンタルで良いのか、購入した方が良いのか迷っている方もいると思います。

購入希望の方のほとんどは、住宅価格が現行よりさらに値下がりすることを望まれます。また、頭金が貯まるまで購入を待つという方も多くいらっしゃいます。そのためにタイミングを失って絶好の購入チャンスをみすみす逃している方がいることも事実です。

もっとも、どのタイミングで購入を決断するのか、プロでも難しいことではありますが。

では、「レンタル」と「持ち家」の利点を比較してみましょう。

レンタルの利点は、契約内容にもよりますが、借りている物件が気に入らなければ、六カ月、一年で次の物件へ引っ越すことが可能な点でしょう。言ってみれば車のリースと同じで、自分のライフスタイルに合わせて手軽に替えられるという点が便利です。

また、家賃支払いがきつくなったなどという時、さらに安い家賃の物件に引っ越したり、いざとなればレンタル物件を引き払って、実家に帰ってしまえば家賃の支払いを心配しなくて済むわけです。

数年の短期間であれば、人生プランの一つとしても考えられます。

ただ、レンタルの場合、家賃はここ二〇年で二倍になっていること、そして一生家賃を支払い続けても、ハワイの持ち家のように自己資産の上昇にはつながらないことを理解しなければなりません。

「持ち家」の場合、レンタルに比べていくつかの利点が挙げられます。

一番は、やはり自己資産の上昇、そして住宅所有者のみが受けられる税金控除の恩恵を受けられることです。また、住宅ローンで購入した場合では、ローンの利息は控除の対象になります。

一戸建てはコンドミニアムと同じく、持ち主がその家に住むことによって、固定資産税も、減税の対象になります。そのうえ、社会的信用度はやはり持ち家の方が高いでしょう。

「持ち家」であれば、たとえ銀行のローンがあっても、社会的な信用にもつながり、また、その家に住まなくなったとしても、レンタルとして貸し出すなど有効に活用することが出来ます。

ただ、購入する場合に気を付けなければならないのは、これまでレンタルしていた物件と同じレベルの物件を購入しようとすると、ローンの支払いとは別に、管理費や固定資産税などの支払いも加わり、予算オーバーとなる場合がほとんどです。少々ダウン・サイズしてでも、身の丈にあった、返済が十分に可能な物件を購入することが大切です。

それがスタジオや一ベッドルームのお部屋でも、一度「マイホーム」にすれば愛着が湧きます。アメリカでは、通常自分の気に入ったマイホームまでには、三回買い替えをすると言われているので、次の夢に向かって計画を立てれば、無理をせずに「マイホーム」が買えます。

レンタル、持ち家のどちらにしても、暮らしの基本、「衣・食・住」の「住」ですので、しっかりと計画を立てて、自分のライフスタイルにあった物件探しが出来るよう、信用できる経験豊富な不動産エージェントにご相談いただくのがベストです。

11. コンドミニアム暮らしを楽しく

ハワイでの不動産取引では、一〇件のうち六件がコンドミニアムです。すでに退職をした高齢者、配偶者を失った人、そして別荘としての購入を考えているバイヤーなど、まず最初にコンドミニアムの購入を考える人が多いようです。

コンドミニアム購入の際、どんな点をチェックすればいいのか、日常生活と直結した観点から、考えなければならないことをいくつか挙げてみましょう。

① ペット・フレンドリーかどうか。もしペットOKだとしても、ペットの大きさや種類、飼える数など。

② 引っ越しや家具の配達など、大きな物を搬出入する際の方法や曜日・時間帯。

③パーキングの有無。パーキングにきちんとしたシャッター・ゲートのセキュリティ設備があるか。
④ゲスト・パーキングの有無。ある場合は、場所と使用可能な時間帯の確認。
⑤セキュリティ（ガードマン）が居るかどうか。居る場合は、場所と時間帯の確認。
⑥マネージャーが居るかどうか。居る場合は、場所と時間帯の確認。
⑦非常階段の場所。
⑧ロビーと道路との距離感、そして障害物があるかどうか。
⑨道路からの騒音はうるさくないか。日射、採光、風向きは？
⑩ゴミの出し方。時間帯と場所の確認。
⑪コンドミニアムのオーナー組合の積立金残高。
⑫特別管理費の支払い有無。ある場合は金額、そして支払い必要期間の確認。
⑬ウォッシャー・アンド・ドライヤー（洗濯機と乾燥機）が室内にあるかどうか。

コンドミニアム生活の良い点は、身軽に生活が出来る事です。一軒家に慣れた方には少し不向きかもしれませんが、コンドミニアムの場合、一軒家と違って屋根や庭、植木、芝、ドライブウェイの舗装などの手入れの心配がありません。

また、一軒家で一番心配な点は、やはりセキュリティ（安全性）でしょう。その点、コンドミニアムにはセキュリティが二十四時間常駐している場合が多く安心です。

コンドミニアムの場合は、毎月管理費の支払いが必要となりますが、一戸建てを持っていても、それ以上の管理費がかかることが多々あります。

日本から来られても、旅行から帰って来ても、何よりもセキュリティ（ガードマン）がいて、タクシーを呼んでくれたり、不在中の荷物を預かってくれたり、そして一番助かる点は、緊急時に警察や救急車、消防車などを呼んでくれる点です。

言葉の問題、そして車を運転しない方は、タクシーを呼んでも三〇分以上来ない問題を解決するのは、やはりコンドミニアム生活です。「鍵」一本ですぐ生活が出来るのが何よりでしょう。

第三章　些細なことから大事に——その前に

◇暮らし方の基礎知識

1. ハウス・ルール

本書の読者の中に、ハワイに不動産物件をお持ちになっている方がいらっしゃると思います。

あなたの物件の「鍵」は、あなた以外にどなたがお持ちでしょうか。

お留守中の管理は誰に依頼されていますか。

コンドミニアムやタウンハウス、ゲート・コミュニティには必ず「ハウス・ルール」があるのはご存知でしょうか。

ここでハウス・ルールの代表的な例をいくつか挙げてみましょう。

■引っ越し

何曜日の何時から何時まで荷物の搬出入が可能なのか。また、土日や祝日なども大丈夫なのか。エレベーターの予約が必要か、それは何日前からか。業者名は誰か、引っ越し荷物はどれだけの量か。

これらを管理マネージャーに告知し、必要な届けをしておく必要があります。

■ペット・フレンドリーの有無

飼っても良い場合は、何匹まで良いのか。体重何ポンドまで良いのか。オーナーだけではなく、テナントがペットを飼っても良いのか。コンドミニアムのビル内を歩かせても良いのか。エレベーター内でのマナーは?

これも、事前にマネージャーによく聞いておくことです。

■お部屋の鍵の管理

緊急時の連絡先は誰なのか。不動産物件管理会社があるのか。合計何本の鍵が「一つの部屋」に出されているのか。

緊急時用にマネージャーが鍵を預かることもありますが、特に厳しいコンドミニアムでは、「マネージャー」は個々のお客様の鍵を預かることはしません。そのようなコンドミニアムで事故があった場合は、ドアを壊して入室しますが、その後の修理はオーナー負担となります。

ご自分のコンドミニアムの鍵は緊急時用として、管理マネージャーが預かってくれる場合は預けます。無論、別途に部屋の管理会社には必ず預けておきましょう。

■**パーキング**

たとえ自分のパーキング場であっても、「オイル」の汚れなど、誰がクリーニングをするのか。ゲスト・パーキングは何時間駐車できるのか。

■**保険**

自分のお部屋には、いくらまでの保険に加入しなければならないのか。自分の部屋から水を漏らしたり、火を出した場合は、どこまでが自己負担になるのか。
◎居住、レンタルいずれの場合も、法律で保険加入が義務付けされています。

■騒音

テレビや音響機器など、騒音に対する規制はどうなっているのか。

パーティーなどでの騒音違反など、施設の違法利用は厳しく罰せられます。

以上、ポイントだけざっと挙げてみましたが、これは「オーナー」だけではなく、お部屋をレンタルしている「テナント」も、同じように守らなければなりません。また、「テナント」のルール違反であっても、最終的には「オーナー」の責任とされます。

ハウス・ルールのなかでも、特に厳しいのが「麻薬」です。レンタルに出している場合は、エージェントと共に麻薬や売春などに、特に気を付けていなければなりません。

「ハウス・ルール」は、毎年少しずつ変更されます。常にチェックを怠らないようにしましょう。

2．日本にはない？「新聞」

『パシフィック・ビジネス・ニュース』は、毎週金曜日発行の新聞で、ハワイ州全ての島々で起こったビジネス・ニュースのみが掲載される新聞です。新しく設立された法人などのプレスリリースも含め、会社の社員移動、支店発表、銀行の営業内容発表など、ハワイのさまざまなビジネス関連のニュースが載っています。

なかでも、日本の一般紙はもちろん、業界紙にすら載っていないようなニュースも掲載されているのです。これには、たいていの日本の方はびっくりされます。

その一つが、**「税金未払い者の名前と住所と金額」**、それも連邦とハワイ州との税額まで添付されているのです。例えば、一〇年前のわずか二〇〇ドルの「税金未払い」でも、名前がはっきりと公表されます。

日本では、高額納税者の名前がややもすれば「お偉い方……」として新聞に掲載されますが、アメリカでは、納税するのは「当たり前……」のことであり、「未払いの人」は社会人としての自分の欠格を社会に公表したことになります。

「破産申告者」についても同様で、その名前と住所、金額まで全てが公表されます。

銀行の**「差し押さえ発表」**。これも「名前、住所、差し押さえ物件名、金額」が公表されます。その上、「○○会社が△△会社を訴訟した」や「個人××が個人□□を何々について訴訟した」などの訴訟内容や、それに携わった弁護士の名前など、全てが公表されます。

もちろん、こんな悪い例ばかりでなく、例えば、新しく設立された法人の、設立者名、住所、新しい会社名などの情報も提供されます。ハワイ州全ての新しい会社名発表には、日本からの会社も含まれています。

「住宅、ビル、全ての建設許可」なども、ハワイで建設する場合は、住所、建築会社名、工事費額などが公表されます。

「過去の訴訟結果」なども、誰が「勝って」誰が「負けた」かが弁護士名も含めて掲載されます。**「破産申告」**や**「銀行差し押さえ」**は、ビジネスをしている仲間同士では大変重要なインフォメーションであり、「自分」または「会社」を守るためには、どうしても知っておかねばならない情報なのです。

「訴訟問題」は、どうしても「社会人」として知っておかねばならない内容でしょう。

毎週の『パシフィック・ビジネス・ニュース』新聞に出るまでには、それはそれなりの手紙や弁護士からご当人宛の通知等があったはずです。それを無視した結果として、新聞に公表されるようなことになったわけです。そこに至る経過で、何とか手を打つ手段は数々あったはずですが、それを怠ったために起こった問題でしょう。

「人のプライバシー」はどうなったのか、と思われるかもしれませんが、他人や社会に迷惑をかける場合は、「プライバシー」は二の次になります。

この『パシフィック・ビジネス・ニュース』は、ハワイでのビジネス上、プロの立場上、知っておかなければならない情報が満載の新聞なのです。

英語に自信のある方は、この新聞を購読してみては如何でしょう。

3. ハワイの不動産と税金

① 現在のところ、ハワイ州では、不動産物件を購入する場合は「不動産取得税」および「消費税」を支払う必要はありません。その上、不動産会社に対する報酬（コミッション）を支払う必要もありません。
購入時に支払わなければならない諸経費は、名義変更手続きの仲介をするエスクロー会社への支払いのみで、通常購入金額の約一％程となります。

② ハワイに持っている不動産物件をレンタルに出し、家賃収入があった場合、長期でも短期でも「消費税」を支払わなければなりません。

③　物件レンタル期間が六カ月以内であった場合、「消費税」と「ホテル税」の両方を支払わなければなりません。

④　レンタル収入があった場合、次の年に「確定申告」をしなければなりません。たとえ収入が少なく、「税金」を支払わなくてもよい結果になっても、「確定申告」をして、それを示さなければなりません。

⑤　不動産物件を持っている方は、年に一度、その物件に対しての「固定資産税」を支払わなければなりません。

⑥　ハワイ州で不動産物件を持っているオーナーが死亡した場合は、「プロベイト（遺言検認）」をします。そして、九カ月間以内に「エステイト・タックス（遺産税）」を支払わなければなりません。なお、支払いは現金納税のみです。詳しくは、ハワイの税理士にご確認ください。

⑦ アメリカに居住していない日本人が、ハワイの銀行にお金を預けた場合に得られる「利子」は、税金の対象になりません。

⑧ ハワイの銀行は、複数人数で銀行口座を開くことが出来ます。たとえば「夫婦」や「親子」で開設しても、一人だけのサインで自由にお金の出し入れが可能です。

⑨ エスクロー会社とは、ハワイ州で不動産物件を「買う」場合や「売る」場合、中立の第三者の立場に立つ会社で、エスクロー会社を通して「金銭の授受」、「権利書の名義変更」をすることになります。

「第一次手付金」や「第二次手付金」、そして「残金」の支払いは、全てエスクロー会社宛に行い、名義変更に至ります。

その際、支払いは必ず**「現金を使わないで」**、**「エスクロー会社宛」**に**「銀行小切手」**（キャッシャーズ・チェック＊銀行現金小切手）で支払ってください。

⑩ ハワイで救急車を呼んだ場合、距離にかかわらず、一回につき約一〇〇〇ドルかかります。

⑪ ピクチャーID（写真付き身分証明書）は、アメリカでは常に携帯しておく事が必要です。
パスポートのコピーやステートID、そして運転免許証などです。

⑫ ノータリー（本人証明／公証）。
ノータリー（公証人）・ライセンス保持者の「前」で、サインをした書類のみが公式に法律で認められます。この場合、アメリカ大使館、領事館でサインをする書類と同じです。ノータリー・ライセンス保持者は、エスクロー会社や銀行等に社員として常に働いています。

⑬ ノータリーが必要な場合。

不動産を売る時や買う時、車を売る時、委任状や遺言書を作成する時、銀行で担保を付ける時などに、本人であることを示す身分証明です。

⑭ 外国人（個人、または外国法人）が、ハワイに持っている不動産を売った場合、「売却金額」の一〇％を米国歳入庁（ＩＲＳ）に、そして五％をハワイ州に「源泉徴収税」として、エスクロー会社を通して支払う義務があります。翌年「確定申告」をする際に、「還付」もしくは「追加」税金の手続きを行います。

⑮ ハワイ州では、車の駐車スペースを持っていなくても車を購入することができます。日本のように車庫証明の必要はありません。

4. ミーガンちゃんの法律

最近、あまりにも増えた「子ども」への犯罪ですが、加害者は一番身近な「親」から、教師、近所の顔見知り、そして不特定、無差別的な犯罪者……とさまざまで、その中でも一番恐ろしいのが「子どもへの性的犯罪経歴者」です。

常習犯罪者は、精神治療を受けていたり、感情を抑える強い「薬」を使っていたりして、ふとした事で同じ犯罪を繰り返すことが多いと言われています。楽しい学校であるはずが、常に「身の回り」や「近づく人達」を警戒しなければならない子どもたちが大変不憫です。

ハワイで不動産を購入する時には、ホノルル不動産協会監修・作成の規定の契約書を使用しますが、「性犯罪者」から（買い手の）子どもを「守る」ための内容が書かれています。

コンドミニアムやタウンハウスなど、複数の住人が住むところでは、どのような「お隣さん」「お向かいさん」かは分かりません。特に、子どもは優しそうに見える人を信用するので、「親」にとっては、大変難しい判断をしなければなりません。

そこでまず、ある不動産物件を買うために「契約書」にサインをしますが、その後、「購入手続き中」に「法務局」に行き、現在「購入手続き中」の集合住宅内の住人で、「過去」に子どもに対して「性的犯罪歴」がある人が住んでいないかどうかを調べることができます。調べた結果、そこに「犯罪歴」を持った人が「住んでいる」事が判明した場合、現在進行している「契約書」を完全に無条件で破棄することができます。この法律によって「買い手の権利」が守られているのです。

逆に、この「犯罪歴」を持っている人が「ハワイ州」に移り住む事を希望した場合、ある期間内に「警察本部」に行き、自分から名前、住所、その他を届け、自分が「性犯罪歴」を持っている事を登録しなければなりません。

この法律が「ミーガンちゃんの法律」です。

この法律は、アメリカ本土で「ミーガンちゃん」という小さな女の子を、性犯罪者によって殺された「母親」が、何年もかかって「米国全州」の「法律」にしたのです。従って、「性的犯罪歴者」は、ある一定の期間内、通常五年間はハワイ州のどこに住んでも、自分の住所を「警察本部」に届ける義務があるのです。

この法律に対してさまざまな意見がありましたが、「性的犯罪者」の中には「リピーター」が多く、通常、毎日の生活では見分けがつかないことの方が問題であり、「プライバシー保護法」よりも無抵抗の子どもの一生の方が重要視された結果、小さな子どものために作られた法律なのです。

この法律が、不動産業にかかわる「契約書」の一部に明記されているので、「買い手」は物件を買う前に、法律によって「調べる権利」が保証されているのです。

5. ピクチャー証明

実際にあったお話です。

あるお客様が高級コンドミニアムを買うために、契約書にサインをして第一次手付金と契約書を一緒に「エスクロー会社」に届けました。

一カ月後、名義変更のニュースを待っていたところ、エスクロー会社から連絡が入って、なんとこの「買い手」は、このコンドミニアムを「買う権利がない」というとんでもないニュースが入ってきたのです。全額現金支払いを提示したこのお客様が、この時点でなぜ買うことが出来なかったのでしょう？

実は、この買い手と「同姓同名」の男がハワイにいたのです。この「同姓同名」の男は、ハワイで自分の子どもに離婚後、「養育費」を三年以上も支払っていなかったのです。

米国では、「子どもの親」は「自分の子ども」に「養育費」を支払う事が法律で義務付けられており、両親が離婚した場合、または結婚をしなくて生まれた「子ども」にも、どちらか経済的にゆとりがある方が、自分で支払える金額を「その子ども」が「十八歳」になるまで、支払う事が義務付けられているのです。

ところが、この男が、「自分の子ども」に「養育費」を支払っていない、と「子どもの母親」からハワイ州の関係当局に届けられていて、ブラックリストに人間としての「汚名」が載っていたのです。

そして、この男が高級コンドミニアムを買うという情報が、「エスクロー会社」からハワイ州に入り、「ストップ」がかかったのでした。「エスクロー会社」は、「売り手」と「買い手」両方とも「クリアランス（犯罪歴証明）」が通らなければ、「名義変更」をしてはいけない法律になっております。名義変更の事前調査で、両者いずれかの「負債問題」を解決する法律なのです。これで一般市民の権利を守る事になるのです。

私のお客様は、ご自分の「ピクチャー証明」と「ソーシャル・セキュリティ番号」で本人確認ができ、「同姓同名の別人」だということが証明されました。もちろん、コンドミニアムを購入できたことは言うまでもありません。

近ごろ、日本の男性で、「自分の子ども」に「養育費」を支払っている件数が大変少ない……と聞いております。

それどころか、「養育費」を払わなくて済んだ……と喜んでいる親がいると聞いています。

「親」であれば「結婚」という形で「一緒に生活」をしていなくても、自分の子どもに対して「責任」を持つべきでしょう。特に、少子化が進む国では、できるだけ「心の豊かな子ども」に育ててあげたいものです。

この事件解決の重要な鍵となったのは、お客様ご自身の「ピクチャー証明」でした。「ピクチャー証明」とは、パスポートや運転免許証などの顔写真入り公的機関発行の証明書類を指します。このお客様は、さらに全米の社会保証番号（ソーシャル・セキュリティ番号）をもっていたことも幸いしました。

6. 現金払い？　小切手？　クレジット・カード？

買い物やレストランでの支払い、光熱費等の支払いなど、日々の支払いには、一般的に現金、小切手、そしてカードが使用されますが、より安全な支払いはどれでしょうか？

まず、「現金」のみでの支払いをされた場合。

正直申し上げて「現金」だけでの支払いは、後に何も証拠として残らない事が多く、通常、レシートとして渡されるものは、ただの「紙一枚」です。よくよく気を付けて集めておかないと、自分が支払った「証明」がなくなってしまい、「支払い済み」である事を証明するのに苦労をする事が多くあります。アメリカで現金だけで生活をしていると、逆に小切手もカードも使えない「過去」があるのではないか……と疑われることさえあります。

例えば、「破産の過去がある」「麻薬のお金」「売春のお金」……と、あまり良くない方に思われがちです。

もし、過去にこのような「キズ」があると、通常五年間は小切手を作る事も、カードを発行してもらう事もできません。この間は、社会人として「信用無し」ということになります。「現金」を使って正しく受け取った「レシート」で、「偽りのレシート」として疑われるよりも、銀行に記録が残る「小切手払い」の方が、より「確実性」を認めてくれます。

アメリカで「小切手」で支払う習慣は、「現金」を使う事より多く、銀行では毎月「使用」された小切手のリストを明細と併せて必ず送ってきます。「小切手」を毎日の「生活」に取り入れる事によって、「確実」な「家計簿」として記録が残るわけで、その人の信用度の一番大きな「証拠」となるわけです。

毎月、何十枚という小切手を使って支払いをしても、「不渡り」を出していなければ、将来、その人が車のローンや家のローンを組む時に、この記録が一番信用される記録になります。

また、一年間「使用」した「小切手」内容は、翌年「確定申告」をする時の「証拠レシート」として認められていますので、税金で「免除」出来る出費は、洩れなく税理士が処理してくれます。アメリカでは、子供が高校生になった頃には、小切手、もしくはカードを持たせる習慣があります。若い時から「自分」の信用度を付けるためには、スタートが大切です。

自分で作った負債を、いかにして自分が毎月整理して支払っていくのかの人生テスト期間なのです。

また、アメリカで「小切手」を「受け取った」場合は、六カ月以内に銀行で「現金化」をしてください。小切手は、通常六カ月間が有効期間です。六カ月を過ぎた場合は、通常その小切手は「時効」となり現金化出来ません。その場合は、その小切手の発行人に小切手を再発行してもらう事も出来ますが、もし発行人が探せなかったり、または発行人の気が変わったりなどした場合は問題です。再発行費用がかかる場合もあります。

「カード」も適当に使えば信用度が上がります。例えば、毎月、クレジットカードで一〇〇ドルを使った方が、多額の現金払いのみでの生活をしている人と比べて、カード払いを毎月きちんとした人の方が信用度は高いのです。

特に、不動産ローンを組む時は「信用」が必要になりますので、数年前から支払い方法を用意することをお勧めいたします。

「約束手形＝ポスト・デイティッド・チェック」での支払い方法もあります。しかし、この「先付期日」を「記した小切手」は、「一般的」なビジネス取引では、だれも受け取る人はいませんし、また、よほどの事でもなければ、「このような小切手」を切る人もいません。「残高」のない「口座」から「小切手」を切ることは、「法律違反」だからです。ちなみに、日本の「約束手形」は、アメリカにはありません。

7. 銀行自動口座引き落としの「落とし穴」の実例

〔例1〕

ハワイに不動産物件を持っているオーナー様から電話がありました。ハワイにある物件を三カ月前に売却したが、「管理費」が銀行からそのまま自動的に引き落とされているので、当社から銀行へ支払いを止めてくれるように依頼してくれ、という内容でした。物件を売却した後、銀行に自動引き落としを停止することを伝えるのを忘れてしまったのです。

銀行での自動引き落としの「停止」手続きは、もちろん銀行口座の名義人本人しか出来ませんし、言い換えれば、「物件」がすでに「売却された」事は、名義人から銀行に連絡がないかぎり銀行側では知るすべもありません。銀行からは従来通り自動的に引き落とされていたのです。

自動引き落としは、とても便利なシステムではありますが、コンピューターと同じで、「指示」をしない限り、言われた通りの事を真面目にしているわけです。

〔例2〕

あるコンドミニアムのオーナー様から「ハワイの弁護士から妙な手紙が来た」との知らせがありました。英語がよく分からないから、と当社にその手紙をファックスして来たのです。「管理費未払いによる、物件競売手続き」という内容でした。

銀行からの「自動支払い」にしていたのですが、「管理費値上げ」を知らずにいたため、一カ月僅か二十三ドルの値上げでしたが、管理会社からの再三の通知を六カ月以上も無視していたため、弁護士事務所から正式に「競売手続き」の通知が届いたのです。

管理会社からの「値上げ通知」は、通常は、変更の二〜三カ月前にその旨の知らせがあるのが普通です。文面は英語ですから、よく分からないまま放置していたのです。銀行では「値上がり」の知らせが「口座名義人本人」から来ていないので、値上げ前の額しか支払っていなかったのです。

〈例3〉

やはりある物件の日本人オーナーが、「物件管理会社から『管理費未払い』の通知がきたが、おかしい」という電話をしてこられました。

銀行に調べてもらうと、「自動支払い」に使っている銀行口座が残高不足になっているということでした。銀行からは日本へ、どこへでも必ず残高通知が送られます。そのチェックを怠って、その口座からの自動払いを続けていたので、残高不足で「未払い」の状況が続いていたのです。そのオーナー様は、もう一つの口座に多額の残高がありながら、手の打ちようのない状況に陥ってしまいました。それで、当社に銀行に行って解決してほしいというのです。しかし、当の御本人以外は銀行のお金を動かす事はできません。結局、御本人が日本から大変な手続きをして、もう一つの口座から必要額を移し、やっとのことで事は解決しました。

以上の三つのケースは、本当に小さな不注意から起こったことです。例1の場合は、自分の所有物件を売却した後、銀行に「自動引き落とし」を止める手続きを忘れていたために起きたケース。

例2は、管理会社から再三来ていた英文の手紙をそのまま無視していたため、管理費値上げに気付かず、結果、銀行に通知していなかったために起きたケース。

例3は、「自動支払い」に使っている口座残高を、銀行から来ている毎月の明細で確認していなかったために起きたケースです。

いずれの問題も、信頼出来る不動産管理会社に任せていれば起こらなくて済んだはずです。

日本とハワイに遠く離れている事と、また、法律や言語、ビジネス方法などの違いもあるので、専門家にお任せした方がいいと思います。

何事につけ、「問題」が起こった後の解決方法はとても大変です。

8. クレジットとは……

「クレジット」とは、その人の「信用度」を意味します。よく「○○さんのクレジットは良い……」などとお聞きになることがあるかと思いますが、〝クレジットが良い〟ということは、言い換えれば〝信用度が高い〟ということなのです。

では、クレジットの〝良し・悪し〟はどうやって見分けるのでしょうか。

あまり一般的には知られていませんが、クレジットの〝良し・悪し〟を見分ける方法があります。

通常、クレジットは数字で示され、その数字が高いほど〝クレジットが良い〟、〝良い点数〟となります。

この方法を「FICO（ファイコ）」といいます。

では、どんな場合「FICO」で調べるのでしょうか？

家やコンドミニアム、そして車などを購入するために銀行でローンを組む場合や、クレジット・カードを作る時に「FICO」を利用して詳しくクレジット状況を調べます。点数は、三〇〇点から最高八五〇点までとなり、平均は七〇〇点となります。この点数は、「社会人」として生活するために、個人から切り離すことのできない大切な点数であり、まさにご自分の「信用度数」なのです。

この「点数」を調べるには、どうすればよいでしょうか？

そのために、まず「ソーシャル・セキュリティー番号」が必要となります。もちろん、ご自分の住所や銀行口座番号をはっきり明記し、銀行または大きな不動産会社に持って行くと、クレジットを調べてくれます。多少経費がかかりますが、大体一〇分程度あれば調べられます。ハワイでのクレジットを一度も調べた事がない方は、一度ご自分の社会での信用度を調べてみるのもいいのではないでしょうか。

では、どうすればクレジットの点数が良くなるのか？

クレジットを良くする方法は、とてもシンプルです。

一番効果的な方法はクレジット・カードなどの残高を期日通りに支払うことです。万一、支払いが遅れるようなことが事前に判っていれば、早めに小切手を書き、小切手の日付を「支払期日」の一日前にして、先に送ってしまうことです。そして、次に大切なことは、クレジット・カードを多く持たないことです（**理由は、使用額が多くあれば多くあるほどクレジットの点数が低くなるからです**）。

クレジットの点数が一番大きく影響するのは、銀行ローンを組む際の利子でしょう。前にもお話ししましたが、「信用度数」ですので、低い場合（五〇〇～六〇〇点）と、高い場合（七五〇～八五〇点）では、ローンの利子に大きな差が出るのは当然です。

悪いクレジットを良くするには、通常五年という期間が必要となり、その間、ご自分の信用度を上げるよう、懸命に努力するしかありません。

ちなみに、当社で賃貸物件をレンタルする場合に、最低限必要となる点数は六八〇点としています。

9. ドライ・ウッド・ターマイト（シロアリ）の怖さ

「シロアリ」がどんなに怖い「害虫」か、本当の怖さをご存知でしょうか。私が見たシロアリ被害、それは想像を絶する光景でした。

私が一戸建ての物件を訪ねた時のことです。

オープンタイプに見えたガレージでしたが、実はガレージのドアが完全に内側に倒れていたのです。それは、以前ドアがあったとは全く思えない状態でした。

鍵を使って表玄関のドアを開けようとすると、ドアそのものが「ギッコギッコ」と音を立てて揺れるありさま。鍵をそろそろと回して、やっとの思いでドアを開けると、ドアの枠が完全にシロアリに侵蝕されているのが分かりました。

家の中はと言うと、天井の梁一本が床に落ちており、近づいて見ると、幅が十五センチもある大きな天井の梁が折れ、家に大砲でも打ち込まれたような光景でした。


では、どうすれば早めにシロアリの被害を止める事が出来るのでしょうか。

まず、シロアリの発見です。

家の中で「白いすりゴマ」のようなサラサラとした粒状の粉が落ちていないかどうかをチェックしてください。

「白ゴマ」と全く同じ色で、大きさも均等、見た目はサラサラとしています。一～二センチの〝山盛り〟の形で床のあちこちに落ちています。それこそシロアリの糞なのです。このような〝小山〟を見つけたら、すぐにシロアリ駆除の専門家に連絡してください。

また、シロアリは、木造一戸建て家屋に限らず、コンクリート造りのコンドミニアムの、それも、二〇階であろうが、三〇階であろうが、高さなどは関係なく棲み着くので油断は禁物です。

シロアリは、木材の中身を食べて生きているので、食べられた木材の中は、お菓子のウエハースのようにスカスカになります。

雨が多いことで知られるマノア地区で、数年前「ドライ・ウッド・ターマイト」に侵蝕された電信柱が、近くの家に倒れ、その家の少女が死亡するという事故もありました。シロアリ被害は想像以上の怖さがあるのです。

通常、シロアリは湿気の多い所に棲み着くのですが、時には家具の足などにも入り込む事があるので、掃除機をかける時など日頃注意を怠らないようにしましょう。

次は「グラウンド・ターマイト」についてお話しいたします。

10. グラウンド・ターマイト

「ドライ・ウッド・ターマイト」の恐ろしさに引き続き、土の中に生息するシロアリ「グラウンド・ターマイト」についてお話しします。

コンドミニアムで生活する場合は、ほとんど心配はありませんが、一戸建てやタウンハウスなどの場合は、この「グラウンド・ターマイト」に対しての十分な注意が必要となります。

「グラウンド・ターマイト」は目が見えません。しかし人間では考えられない強力な「においセンサー」を持っていて、「におい」によってお互いに連絡を取り合い、地中一メートルほどの所に何千匹ものグループで、組織を作って生息しています。

家の土台である木は、「グラウンド・ターマイト」にとって一番おいしい「エサ」です。これが、コンクリートの土台だからといっても、完全に安心は出来ないところが厄介なのです。「コンドミニアム」の周りに庭や植木がある場合は、そこにこの「厄介者」が生息している可能性があるからです。


「グラウンド・ターマイト」をどうやって見つけ、駆除をすればよいのでしょうか。

それには、代表的な「セントリコム」というシロアリの検査・駆除方法があります。

まず、地面に約一メートルの間隔で、深さ約三〇センチの小さな穴を開け、その中にシロアリ用の毒の入ったエサを入れた直径約三センチの筒を埋めます。この筒の周りには、無数の小さな穴があり、土の中に生息するシロアリがその筒の穴から、中の毒入りのエサを食べに入ってくるのです。そして彼らは、毒入りのエサを自分の巣に持ち帰り、仲間にも食べさせるので、自然と巣全体のシロアリ駆除が出来るというわけです。

この筒を定期的に地上に上げて検査することで、エサが減っていればその地区にシロアリが生息していることになります。検査は、大体一カ月に一度専門業者によって行われ、エサが減っていれば追加します。いったんシロアリに取り付かれてしまうと、大体二年間ほど検査を継続する必要があります。

一般的には、一戸建ての場合は、約四〇本から五〇本の筒を穴に埋めますが、周りに植樹などが多ければ筒の本数を増やして対応します。

家を新築する時には、家の土台と柱の間に三〇センチ角ぐらいの鉄材を置き、シロアリが上下に移動できないような処置を施します。

通常「セントリコム」は、緑色の円形のプラスチック製の筒にふたをしたものなので、近所を散策する際などに家の庭やビルの周りなどに気を付けて見てみると、このシロアリ対策をしているのが意外にたくさんあるのが分かります。

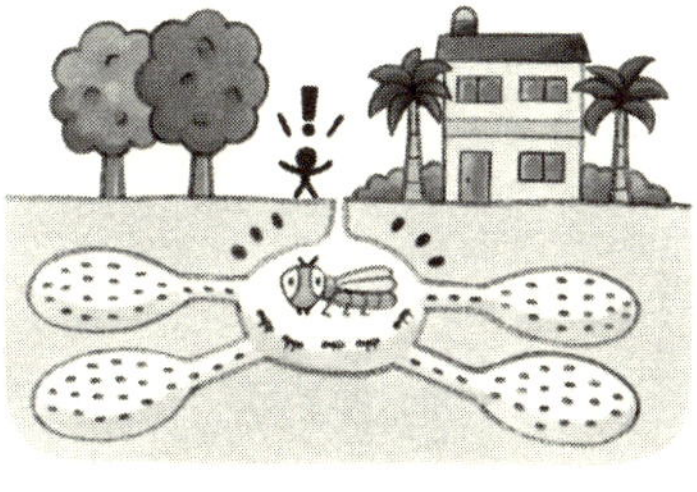

11. どちらがお得？　冷蔵庫の使い方A・B・C

「冷蔵庫」にそんなに難しい使い方があるの？　と、お思いの方がいらっしゃると思います。ハワイにお住まいをお持ちの方、あるいはこれから持ちたいとお考えの方は、次のケースを頭に留めておいてください。

旅行に出かけたり、あるいは日本にお帰りになるなど、現在住んでおられるコンドミニアムを、しばらく留守にするという時、冷蔵庫の電源を切る方が結構いらっしゃいます。

これは最近、実際にあったお話です。

結論から申し上げましょう。

電気代を節約するために、日本にお帰りになる時や旅行に出かける時に、冷蔵庫の電源を切ることは全く節約にならないということです。その逆で、却って面倒な結果を招くことがあるのです。

私のお客様ですが、この方も、長期間日本に帰るので、電気代を節約するために、冷蔵庫の中を空にして、帰国の際に電源を切って出かけました。ところが、冷蔵庫の「戸」を閉めたままお帰りになったので、ハワイに帰って見てみると、冷蔵庫の中が「カビだらけ」になっており、「悪臭」が庫内に染み付いてしまって大変だったそうです。

この冷蔵庫の「悪臭」は、ほとんどと言っていいほど消えません。たとえ「消臭剤」を長期間入れたとしても、ほとんど効き目がありません。

電源を切るもう一つの理由に、氷が溜まり過ぎるというのがあります。

確かに氷が溜まり過ぎるのはよくありませんが、この場合は、電源を切ってしまうより、自動製氷を一時的に止めてしまえばいいのです。冷蔵庫のメーカーによって違いがありますが、通常、自動製氷用のハンドル・バーを完全に上まで上げておく事で、製氷機を一時的に止めることが出来ます。
また、最新の冷蔵庫は、製氷トレイを外すことで自動的に製氷を止めます。

どうしても電源を切りたいというのであれば、必ず「冷凍庫」と「冷蔵庫」の両方の戸を開け、大きいタオルなどを戸に挟み、中の水気を完全に拭き取ることです。そして、「戸」を必ず「大きく」開けて風通しを良くしてお帰りください。
「炭」または「湿気取り」などを入れておくことで、悪臭をほとんど抑えることができます。

ただ、冷蔵庫の戸を開け続ける際に用心をしなくてはならない点があります。冷蔵庫と冷凍庫の「蝶つがい」に、戸の重さで負担がかからないように、戸の下側に椅子、もしくはクッションか何かで支えをしておくことです。何カ月もの間、支えをしないで戸を開けたままにすると戸に負担がかかり、次に戸を閉める時に、ピッタリと閉まらなくなることがあります。

電源を切っても、あまりお得な結果にならないと思いますので、やはり冷蔵庫は中に何も入っていない場合でも、電源は入れておいたほうがよさそうです。
冷蔵庫は収納庫にもなり、お米やその他の食物を入れておけば、帰宅するまでの間、ゴキブリなど害虫予防にもなります。

12.「ディスポーザー」と相性

最近では、ほとんどのコンドミニアムやお家の台所には、必ずと言ってよいほど「ディスポーザー（生ごみ粉砕機）」が付いております。これはとても便利な道具ですが、使い方によっては思わぬトラブルの元になります。以下は私自身が経験したことです。

私は、カレーライスが大好きで、ある週末、友人を招待してカレーパーティーを開く事にしました。準備をするため、喜び勇んで台所に入り、まずジャガイモの皮をむき始め、切って鍋に入れたままでは良かったのですが、それから事が起こったのです。

ジャガイモの皮はサクサクしているので、適当に切ってディスポーザーに入れ、いつもの通り水を流しながら回し始めました。

しばらく音を聞いておりましたが、いつもの通りに空になった軽い音が聞こえません。私は〃おかしいな〃と思いながら、そのまま水を流し、軽い音がするまで回しておりました。

ところが、ディスポーザーの音が一瞬にして止まったので、私は、一度スイッチを切り、再度スイッチを入れてみました。が、全く音がしません。そのうち流し続けていた水が流し台にまで上がってきて、全く動かなくなったのです。

すぐ「プラマー（水道業者）」を呼びました。一時間ほどで来てくれたプラマーは、キッチンを見て、私がカレーを作り始めていることに気付いて、「ジャガイモの皮を入れましたか？」と聞いたので、私は、即座に「はい」と答えました。

彼は笑いながら「みなさん、これをやるんですよ」と言いながら、ディスポーザーを解体し始め、十五分ほどして、バラバラにしたディスポーザーを見せてくれました。そこで私が見たのは驚くべきものでした。ディスポーザーの「回転羽根」の周りに透明に変わったジャガイモのでん粉がベッタリと固まっていたのです。彼が言うのには、モーターの熱によってジャガイモの皮から出るでん粉が自然と固まり始め、モーターが熱くなればなるほど、ますますでん粉が「煮えてくる」状態になるというのです。

その夜は言うまでもなく全員で外食でした。

ジャガイモの皮の他に、ディスポーザーと相性の悪いものは「パパイヤの種」です。これもまた、ディスポーザーを何分回しても流れて行きません。ただ種の周りの柔らかい部分のみが流れて行きますが、種の硬い芯だけが残ります。また、玉ねぎの外皮やバナナの皮も危険です。

以上は、私とディスポーザーとの失敗談ですが、皆様もどうぞお気を付けください。

13. コンド暮らしとペット

最近、実際にあった例です。

当社でお部屋のお世話をしていたテナントさんですが、オーナーの希望で〝ペット不可〟という条件になっていたのにもかかわらず、そのコンドミニアム全体ではペットOKであったため、ビル全体の「ハウス・ルール」を主張して、犬を飼い始めたのです。

その「コンドミニアム自体」は、確かにペットOKでしたが、借りているお部屋のオーナーはペット不可という条件で、部屋をレンタルに出したのです。その契約書をお互いにサインしていたので、「契約違反」ということになりました。

その後、このテナントさんには部屋を出てもらいましたが、契約内容をよく読み、契約内容に従うことが、とても大切だという一例です。

また、このテナントさんの場合、飼っていた犬はボーイフレンドの犬なので、自分には関係ないと意気込んでおりましたが、毎日のようにそのボーイフレンドがお部屋に来ているのであれば、レンタル契約書に住人として一緒にサインをし、コンドミニアムのレジデント・マネージャーのオフィスに、住人として正式に登録をしなければならなかったのです。

「コンドミニアムのセキュリティが厳しくなっている昨今、各コンドミニアムの「ハウス・ルール」も厳しくなっており、各不動産管理会社の契約書も同様に内容が厳しくなっています。

結果として、住人が住みやすい、セキュリティの良いコンドミニアムに住むことになるわけですが、目先のことだけで、自分だけが自由に何でもして良いと、勝手に解釈している方たちがたまにいます。不動産協会で作られた「レンタル契約書」によれば、十四日間以上住む「同居人」は、まず「管理会社」に知らせる義務があり、「管理会社」は「レジデント・マネージャー」に知らせる義務があります。火災などの災害事故時に点呼人数を調べる必要があるからです。

それもこれも、行き着くところは「自分」のためです。部屋をレンタルするときは、管理会社とよく意思疎通をすることです。独りよがりの判断は危険です。

14. 友人といえども……他人とルーム・シェアするとき

日本からの留学生が、ハワイで「コンドミニアム」のルーム・シェアをして困った事態になった例です。

レンタル期間中に契約者以外の人を室内に入れる時は、まず管理会社に知らせる事をお勧めします。たとえ、日本からの「ご両親」でも、前もって知らせていれば、管理会社は記録に残しておくだけではなく、もし鍵を部屋に置き忘れてドアを閉めた場合でも、問題なく出向いてくれます。

また、「お友達」をお部屋に泊める時も同じです。実は、ハワイ州で主に使用されている「レンタル契約書」の中に書かれている「第四条」に「他の人を入れない事」と示されています。


特に9・11の後、テロに対しての警戒は厳しくなっております。ハワイで、お部屋をレンタルしていると、自然と「ルーム・メート」になりたい人達が擦り寄ってきます。日本の方は、断るのが何か悪い気がして「NO」と言えず、ズルズルと部屋に入れてしまう傾向があります。特に悪い人に当たった場合、出て行ってくれない、というケースも少なくありません。冷蔵庫の物は遠慮なく食べるは、家賃は一ドルも払わず、最後の手段として「出て行ってほしい」と言うと、「人情がない」「ケチだ」「冷たい」などの嫌味を言われて困っている人たちもいます。中には、警察まで呼んでやっと出て行かせたなどというケースもありました。

また、契約期間中に日本にバケーションなどに行って長期間留守にする時に、その間部屋を使ってもいいか……という友人を断り切れず、「どうぞ……」と言ったばかりに、日本から帰ってみると、留守中、その友人が見ず知らずの他人を数人連れ込んでいて、出て行ってもらうのに大変な苦労をしたという話も実例としてあります。

契約者が契約者以外に無断で部屋を貸した場合、管理会社は「部屋の鍵」が誰に渡ったのかが不明になるので、災害時だけではなく、何か事件が起こっても、責任は一切負えません。

「ほんの少しだけ……」という甘い言葉を信用して、他人を部屋に入れ、住まわせる事は「違法」なのです。

正式にルーム・メートにするのであれば、必ず管理会社に届けを出してください。

特に日本の留学生は狙われやすく、また、一度マークされると、なかなか断りきれず、被害が大きくなる事も度々です。他人からルーム・メートにしてくれとせがまれた時は、管理会社との「契約違反」になると言って断るか、正式に管理会社に届けを出して、支払いやその他の責任も持たせることをお忘れにならないように。

15. ルーム・メートを探す時の注意

これも実際にあったお話です。

当社から賃貸物件を借りていた二人の女学生がいました。アメリカ本土から来た二人は、「ハワイに住む」という夢がかなえられたために、毎日が学校とビーチで明け暮れ、多くの友人も出来た様子でした。女性二人での生活は、自然と男性の目に付くようになり、数カ月後には、とうとう一人の男性がルーム・メートとして加わりました。それからが大変だったのです。

白人女性に白人男性ですので、言葉の不自由は何もなかったようですが、書面上でのサインなどが何もされないまま、ルーム・メートとして生活を始めました。

ベッドルームは二部屋あったので、別々の部屋を持つ事が出来たまでは良かったのですが、仕事をしていない彼は、二人の女学生が朝学校に行って留守の時も、そして帰宅した時も、いつもテレビの前にいるという日が続きました。午後からビーチに行くときだけは三人で行き、夕方も三人でバーベキューなど一緒に食事をしたそうです。

しかし、それからというもの、食事代、ビール代は全て女学生二人が持たされ始めたのです。そうした日が数カ月も続いて、女学生二人のお小遣いや家賃にも支障を来すようになり、当社に相談に来て、初めて私どもがその状況を知ることになったのです。

まず、その男性は、当社が承諾して入居したのではなく、女学生二人との口約束のみで入居したテナントだったので、当社は関与できず、女学生二人が彼に出て行ってもらうよう話すことになりました。数日後、再度二人が当社を訪れ、ルーム・メートの男性が「出て行かない」と言って、そのまま居座っていると報告してきました。

二人の女学生は、「自分たちはルーム・メートに出て行ってほしい」と怖くて言えなかったそうです。

仕方なく、当社でその男性に丁寧な退去願いの手紙を書き、二人の女学生に渡しました。

しかし、その後も全く退去する様子もなく、困り果てた二人は、それぞれの父親に事情を話しました。父親たちは、アメリカ本土からすぐハワイに来る事ができなかったため、一応電話で彼に部屋から出て行くように話しました。その数週間後、女学生二人は食事を外で済ませ、夜遅くにそっと帰宅し、自分達のベッドルームの鍵をかけ、静かに夜を過ごしたそうです。

ところが、お金がなくなったルーム・メートは、女学生二人のベッドルームの戸を叩き、不満……？　を伝えるために大声を出したそうですが、不幸中の幸いとでも言うのか、近所の人達が警察を呼んでくれたのです。警察官とのやり取りがありましたが、「今後静かにします……」と、そのルーム・メートが警察官に伝え、事はそれで終わってしまいました。

その後、ルーム・メートとの仲はますます悪くなり、とうとう二人は学校から帰る途中で警察に連絡を取り、警官と一緒に帰宅するようになりました。そしてある日、ルーム・メートは逮捕され、女学生二人は当社とのリース契約を途中で解約し、アメリカ本土に帰って行きました。結局、この男性ルーム・メートは、四カ月間ほど無料で、しかも食事付きで居座っていたそうです。

以上は実際にあった話です。学校に行く目的で、日本からハワイへお越しの方は、ルーム・メートを選ぶ時は十分に注意して慎重に選んでください。

もしルーム・メートを入れるのであれば、管理会社にその内容を伝え、賃貸契約の書類の中に、相手の信用調査も含めて、本人のサインをもらうように頼むのがベストです。

同じ部屋に住むテナント全てが平等の責任を持つことで、お互いに良い関係で生活することができるのです。

16. テナントの義務

ハワイには日本からの留学生や企業に赴任されている方々を始め、寒暑の厳しい日本を避けて、一カ月から三カ月程度、気候と環境の優しいハワイに静養、保養のために、多くの方がお出でになり、「テナント」としてお部屋をレンタルされていらっしゃいます。

ここで、テナントとしての「大切な義務」をお話ししておきましょう。

先ずは、レンタル料。家賃を期日までに支払うことはもちろん一番大切なことです。万一、期日までに支払いがない場合は、罰金が付くことは、アメリカ社会では一般的な社会通念です。

その他にもいくつか大切な事があります。

例えば、自分の部屋から「小火（ボヤ）」が出た場合。

コンドミニアムの場合は、真っ先にセキュリティ（ガードマン）に知らせる事です。

セキュリティは、必ず９１１に通報をしてくれます。次に、自分で出来る範囲内での消火方法を考えましょう。水や、濡れた燃えにくい大きな布を火に被せるようにして叩き消しても良いでしょう。


ただ、ここで注意しなければいけない大切な点は、どのような事があっても「証拠隠滅」となるようなことは絶対に避けてください。自分で後片付けのつもりで、次々と捨てることは、「証拠隠滅」とみなされ、物件オーナーの保険で被害をカバーできなくなります。鎮火後、消防士からのレポートによって、出火の原因が、テナントなのか、または部屋や電気製品の部品の欠陥だったのかなどが明確になります。何か事件が起きた時、現場では何も手で触らずに、そのままにしておくのと同じことです。

日本的な考えで、「みっともないので早くススを拭いた……」、「焦げ臭いので台所の品々を処分した……」などの行為は、全てマイナス要素になってしまいます。他の部屋や外壁への被害が出た場合は、なおさら消防士からのレポートが重要になることは言うまでもありません。

そして、状況を写真に撮り、日時も明記して保険会社に提出できる用意をしてください。

失火をしたテナントが自分勝手に後始末をしてしまったケースでは、物件オーナーからは修復費用の支払いを拒否され、また、保険会社に対しては何も立証できず、その上、オーナーからは「早く元通りにしてほしい」との催促があり、最後は、全てテナントの過失であったことが明白となり、約五〇〇〇ドル程の修復費用を支払うという結末になりました。

テナントの中には、火事などでお部屋にダメージがあった場合は、保険会社が全額負担をして修復してくれると勘違いをしている方もいますが、「ノーフォルト保険（過失者が誰であっても保障する保険）」ではありません。また、保険会社によって支払われた場合は、もちろん保険の掛け金も上がりますので、物件オーナーは、消防士のレポートを要求するでしょう。

どちらにしても、テナントは他人の物件、物品を借りている立場であることを忘れないでください。

ここハワイでは、日本語が通じますが、外国であるという事を忘れないでください。すべてが契約社会なのです。

17. 委任状の使い方・作り方

委任状とは様々な方法で、良い方にも悪い方にも使われていますが、ここでは良い方の使い方を記します。

「委任状」とは、ご自分のある権利を他の人に、ある部分のみもしくは、全権利を渡す事を示しています。

これからの「お話」は、実際にあった事を例としています。

ハワイに不動産物件を所有している方の代理人から、電話が掛かってきました。

「なるべく早く、その物件を売ってください……」との事でした。

その物件は親子三人の名義になっているが、父親が弱くなったので、三人でサインが出来る時に売却してしまう……、との事でした。

私の長年の「勘」で、両親から子供（30代）に委任状を書いてもらったらどうか……？　とアドバイスをしました。

しかし数日後、代理人からの知らせは、やはり委任状は「ダメ」の返事でした。

その後、その物件を売却する話は、何の連絡も無く、半年が過ぎたある日、代理人からの知らせで、お父様がお亡くなりになり、そのショックでお母様まで、入院され、「どうしたら良いでしょうか……？」と言う事でした。


それからが大変でした。

お父様はお亡くなりになり、お母様はショックでサイン出来る状態ではなく、まずは、葬儀等、そして遺産相続手続きとなかなかはかどらず、物件売却どころでは無くなってしまいました。これもサインが出来る状況の時に、「委任状を作って処理しておけば、良かったのに……」と、後悔が残る事になりました。

「委任状」の中に必要内容を「○○のみ」と示しておいて、「サイン」がしてあれば、物件の処理が進み、残された子供に何の心配も無く先に進んでおりましたし、経費も安く済み、時間的にも早く終わっておりました。

アメリカでは、この「委任状」を上手に使い毎日の生活に生かしております。勿論、「委任状」の有効期間は決めておいた方が良いでしょう。

例：「入金のみ」「〇〇額の引き出しのみ」「サインのみ」等、様々な分野で利用できます。


前述のご両親の場合は、ハワイの不動産物件を売却する時に、お子様に「サイン」する行動のみを許してくだされば良かったと、何度も話し合ったものでした。

一方、買い手の方から見ると、完全に権利書保持者全員からのサインが無ければ、完全に買い手の物件とは成らないのは、明らかな事です。


さて、この委任状の作り方ですが、ただご自分で「書く」だけでは通用しません。その物件のある国で通じる言葉を使い、弁護士に作成してもらう事です。

しかし、英語は世界中で通じますので、「英文の委任状」であれば、どの国のエスクロー会社でも受けてくれると思います。肝心なのは、必ず弁護士の作成したもののみに限られます。

　次に、その書類をノータリー（公証）してもらう事です。この公証によって正式な書類として、エスクロー会社でも銀行でも役所でも通じる書類となります。


過去にこんな例がありました。

あるハワイの物件購入の時に起きたお話です。

日本の方々で姓が「佐藤」「加藤」「伊藤」の方が多いのですが、ローマ字で書く場合は、「Sato」の時に「Satoh」と最後に「h」を入れる方がいらっしゃいますが、特にパスポートにされた「サイン」と「同じサイン」で「委任状」にもサインをする事を忘れてはなりません。

　パスポートと「異なるサイン」をする事によって、「同一人」とみなされない事になります。この場合は、不用意に「h」を入れた事により、大変な手続きを経て、やっと無事に終了する事が出来ました。

しかし、ご本人はカンカンに怒られて、罪人扱いをされた……、と小言を言っておりましたが、高い弁護士代を払い、余計な時間を費やし、その上、嫌な思いをしなければなりませんでした。

このような事にならないように、サインに「ｈ」を使う場合は、くれぐれもパスポートのサインを確認してから、サインするようにご用心ください。

例：「佐藤」「加藤」「伊藤」「近藤」「後藤」「東田」「相馬」等
「太郎」「浩二」「順子」「敦子」等
「Tarou」＝「Taro」、「Kouji」＝「Koji」、「Jyunko」＝「Junko」、
「Atsuko」＝「Atuko」等
必ずパスポートを確認してください。

18.「満点のハワイ」

ここで、ハワイをこれ以上エンジョイ出来ないほど楽しまれている日本人カップルをご紹介いたしましょう。

このカップルとの出会いは、今から二〇年以上前に、当社を通してごく普通の一ベッドルームのコンドミニアムを購入していただいた事がきっかけです。

このカップルには、一人娘の当時は中学生の可愛いお嬢さんがいらして、いつも親子三人でハワイ入りされていました。

特に夏休みは、ハワイで約二カ月間過ごし、英会話を習ったり、時には親子三人一緒になって先生を自宅のコンドミニアムに招いて二時間程お勉強されていました。

また、時には日本の味、バラ寿司を作って、先生共々食事をしながら、自然と出てくる会話を英語にして勉強をしていたようでした。

そういう時は、日本流に「お口汚しですが……」と言って、当社へおすそ分けを持ってきてくださいました。私がバラ寿司が好きなことを知っておられたので、特に気を遣ってくださったのでしょう。

時には、ゴボウが少し足りなかったでしょうか……とか、コンニャクが少し足りないですね……、など、まるで料理学校での会話のように、バラ寿司の話に花を咲かせたものです。

この女性は、「ホリデー・マート（現ドン・キホーテ）」や「マルカイ」「フードランド」「タイムス」そして「セーフウェイ」……など、ハワイのほとんどのスーパーに行って食材を探すことが大好きだ、とおっしゃっていたのを今でも覚えています。

確かに、味噌にしても十種類以上あり、納豆でさえ数が多くて迷ってしまう程です。もしかすれば、日本のスーパーに行っても、一度にこれほどの種類を探すのは大変だと思います。ハワイには、北は北海道から南は沖縄までの産物が、これでもかと出てきていますので、日本より良い食材を買うことが出来ます。塩麹や柚子コショウなど、調味料も何種類も出てきております。

食材だけではなく、テレビ番組でも夜はNHKそのものをテレビで見る事が出来ますし、民放ドラマも限られてはいますが、見ることが出来ます。

アメリカのニュースや世界のニュースも、テレビを通じて自由に見られるので、何不自由なく生活ができます。

その後、お嬢さんはハワイ大学の予備校の英語科に進学し、このご両親も娘会いたさのため、年に数回はハワイに来ていらっしゃいました。ハワイ滞在中は、バスパスを利用し、それぞれの路線も覚え、自由にこのオアフ島を回っていらっしゃいました。

そんなある日の事、三人で当社に立ち寄られ、とても楽しそうな声で「一週間ほど冒険をしてきます」と言って、私から冒険の内容を尋ねる必要がないくらい、まるで小学生のように大きな声で、冒険について語ってくれました。

「来週から一週間程、ラスベガスに行ってきます」

それを聞いた私は、本当に嬉しく、心から喜んでおりました。このご家族がハワイを土台にして、人生を広げてくれたことへの私の満足感、充実感、そして達成感は何とも言えない喜びでした。

振り返ってみると、このカップルが右も左も分からずにハワイに来て、早二〇年以上になりますが、このように本当のハワイを体験し、毎日を自分の物にした日本人は大変少ないと思います。大体が、好きやす、飽きやすの方が多く、「ゴルフ、ゴルフ」と言っているかと思えば、「飽きた……」と愚痴を言っている方、「食べ物がおいしくない」とうそぶいている方が後を絶ちません。

「住めば都」という言葉があるように、新しい人生を開く時は、自分の努力が一番大切だと思います。ハワイの生活には人生の中で、思いもよらない新しい人生が開けるかもしれません。貴方の第二、第三の人生として「満点のハワイ」にしてください。

あとがき

お忙しい中、小書をお読みくださいまして、まことにありがとうございました。

小書で取り上げた不動産関連の項目は、実際にハワイで行われている生の不動産の実態です。また、ハワイで生活をする上で、ぜひとも知っておかれた方が良い暮らしのポイントがいくつかございます。

小書のどの項目も、日本からハワイにおいでになって、お困りになっている方々の様子を拝見して、これらの実態をどうしても日本の皆様にお届けしたいという気持ちから、ぼつぼつと書き溜めたものです。

特に「エスクロー会社の役割・その1、その2」は、国際法としてあらゆる取引には、ぜひとも知っておかなくてはならない大切な内容なのです。

ハワイに関心を持たれて、様々な方々と情報交換をなさっている日本の方々がたくさんいらっしゃいますが、情報の中には不正確なものや、単なる「うわさ」の類の情報もあります。

「外国人は税金を払わないでいい」などという情報をどこでお聞きになったのか、それを信じて長い間納税をしてこなかった方が、当社に当

該物件の管理を依頼されてきました。そこで初めてご自分の税金不払いが判明したのです。その後、修正申告の手続きをするのに大変な時間と費用がかかりました。もし、このまま放置していたら、連邦と州・市当局から「税金不払い」の罪を問われて大変なことになるところでした。

ハワイで不動産業を始めて四十五年目になりましたが、世の中が大きく変化しており、簡単な取引で済むところが、わざわざ遠回りをされている事を聞き、胸が痛くなる時があります。

例として、税金の手続きで余分な支払い、またはハワイ州発行の「ドライバーズ・ライセンス」等々。私がこの仕事を始めた時は、何も心配が無かった事が、現在では大きな問題になっている事が数多くあります。

終わりに、本書の出版に当たり、数々のアドバイスと貴重な時を提供してくださった星野雅良様、東京図書出版の方々に心からお礼を申し上げます。

二〇一八年吉日

ジニー 三千代 フォガティ

ジニー 三千代 フォガティ ―略歴―

日本人・大分県出身。

・1957年 大分県立舞鶴高校卒。

・1962年 渡米。フォガティ氏と結婚 インディアナ州インディアナ・ポリスに住む。

・1966年 フォガティ氏が空港管制官のため、「ウェイク島」に住む。当時の日本人女性全員（十数名）で「ウェイク島」での元日本人兵への「無名戦士の碑」を建てる。日本からも生存者及び他の方々が出席。

・1970年 フォガティ氏と共に、ハワイ入り。

・1974年 初めて数少ない日本人の一人として、ハワイ州不動産ライセンスを取得。ある不動産会社に席を置く（社主、ユダヤ系アメリカ人）。

・1978年 ハワイ州不動産ブローカー・ライセンスを取得（経営者ライセンス）。

・1980年 ハワイ長谷工不動産・初代プリンシパル・ブローカーとなる（販売代表責任者）。

・１９８１年　ワイキキ・ロイヤル・ハワイアン・ショッピングセンターに「リアルエステイト・ショーケース」開設。
・１９８５年　独立して「フォガティ不動産会社」を設立。
・１９８６年　コンチネンタル・サーフ・ホテル売却。クヒオ・ヴィレッジ・ホテル売却。
・１９８７年　フォガティ氏と離婚。
・１９８８年　季刊紙『フォガティ不動産ニュース・レター』を日本へ向けて創刊。今年28年目。現在も約二〇〇〇通を日本へ郵送。
・２０００年　東京都出身　鶴見秀博氏と再婚。
・２００３年　ハワイ島ワイメア地区ワイメア大牧場売却。
・２００４年　ワイキキ・ゲイトウェー・ホテル売却。
・２００８年　初の書籍『貴方にそっと…　ハワイライフ　ここだけの話』出版。
・２０１１年　アラモアナ・センター・白木屋店内　相談所開店。
・２０１２年　改題・電子版『貴方はどっち…　楽園ハワイ…？　地獄のハワイ…？』出版。
・２０１３年　ハワイ不動産業歴40周年を迎える。
・同　　年　新商品・２カ月間所有システム「Exclusive 6」発売開始。

・2014年　新商品・季節所有システム「SeasonShare90」発売開始。
・同　年　ハワイ不動産業歴40年以上の功績により「全米不動産協会」及び「ホノルル不動産協会」より『特別名誉表彰』を受賞。
・2015年　ハワイの不動産・生活／基礎知識『満点のハワイ』を出版。

【日本のテレビに数多く出演】

●ハワイ不動産紹介番組　出演（共演：板東英二／野々村真）
●『雨上がり不動産・ハワイ』出演（共演：雨上がり決死隊）
●『ハワイと暮らそう』パート1　パート2　出演（共演：大島さと子／柳沢慎吾）
●『ハワイに恋して（学べるハワ恋不動産）』出演（ゲスト：道端カレン／布川敏和／はるな愛／武田修宏。共演：まことさん／アリッサちゃん）

フォガティ不動産　社長

ジニー　三千代　フォガティ(B)

425 Ena Road, A-1
Honolulu, Hawaii 96815 U.S.A.
Tel: (808) 955-5100
Cell: (808) 753-4131（携帯）
Fax: (808) 941-5464
E-Mail: fogarty@fogartyhawaii.com
www.fogartyhawaii.com

気ままに ハワイ ロングステイ

満点のハワイ

ハワイ不動産購入の基礎知識
これだけは知っておきたい 購入から暮らしまで

2015年4月16日　初版第1刷発行
2018年5月6日　初版第2刷発行

著　者　ジニー 三千代 フォガティ
発行者　中 田 典 昭
発行所　東京図書出版
発売元　株式会社 リフレ出版
〒113-0021　東京都文京区本駒込 3-10-4
電話（03）3823-9171　FAX 0120-41-8080
印　刷　株式会社 ブレイン

ISBN978-4-86223-838-2 C0033
Printed in Japan 2018
落丁・乱丁はお取替えいたします。

ご意見、ご感想をお寄せ下さい。

［宛先］〒113-0021　東京都文京区本駒込 3-10-4
東京図書出版